小学館文庫

女人京都

酒井順子

小学館

女人京都　目次

装画　上村松園《わか葉》昭和十五年（一九四〇）名都美術館蔵
ブックデザイン　鈴木成一デザイン室

女人京都

はじめに

京都は、誰もが惚れてしまう美女のような街である、とかねて思っておりました。それも、「あるがまま」系の天然美女ではありません。それは、メイクもファッションも、そして声の出し方すらコントロールした、人為の結果としての美女。千年もの間、日本の中心だったこの地は、多くの視線や多くの手によって、磨かれ続けてきたのではないか。

そんな美女の魅力は、若者にとってわかりやすいものではないようです。たとえば私は高校の修学旅行で初めて京都に行ったのですが、その時の感想は、

「茶色っぽい建物をたくさん見た」

というものでした。十数年しか生きていない身としては歴史の奥深さは理解できず、「今、ここ」しか見ていなかったのです。

しかし、それから十余年。三十代になってから京都に行くと、かつては「茶色っぽい建物」としか見えていなかった歴史ある建造物や、古来伝わる行事やら芸能やらに、

やけに味わいを感じるようになってきました。

茶色い建物は、誰がどのような思いで造り、そこではどのようなことがあったのか。目の前で繰り広げられる行事には、どのような祈りが込められているのか。……それなりに人生の経験を積むうち、「生きるというのは、なかなかに大変なことである」との思いを抱くようになれば、巡る季節や人の命のはかなさにも思いを馳せるように。自らの心身が古びると共に、古い都への共感が深まってきたのです。

かくして私は京都へ足繁く通うようになったのですが、行く度に違う顔が見えることも、京都の魅力でした。高級な和食の頂点の地である一方で、ラーメンなど庶民の味もレベルが高い。人工美の極致とも言える芸妓さんや舞妓さんがいる祇園のほど近くには、自然豊かな東山が。……というように、極端に異なる層が隣接し、街のあちらこちらに顔を出しているのです。

「こんな味が！」

「あんな道も！」

と歩いているうちに、美女の裏側や意外な一面を見せてもらったような気分に。次第に、「京都という美女に一番愛されているのは自分なのでは？」とすら思えてくるのでした。

きっと京都好きの誰もが、同じような感覚を味わっているのでしょう。京都は自分だけのものではないとわかっていながら、しっぽりと蜜月に浸っているような気分をもたらしてくれるのが、京都という美女なのです。

そんな京都の中でも、京都らしさを最も濃厚に抱いている存在は、名所旧跡でも食べ物でもなく、京都の「人」なのではないかと私は思います。京都に通い始めた当初、最も驚いたのは、京都の人々と、東京人である自分の違いでした。同じ日本に同じ時代に生きていながら、その感覚や習慣は、彼我ではかなり異なります。季節の捉え方や他人との距離のとり方等々、「京都の人って、そうなの！」と思うことが多々ありました。

次第にわかってきたのは、長いあいだ都として存在し続けたことによって積み重なってきた感覚が、現代の京都人の中にも生きている、ということです。都が東京に移ってからは、近代化やら簡素化やらで、都会人のあり方は随分と変化しました。しかし京都の都会人の中には今も、平安以来続く都会人らしさのしずくが、滴り続けているのです。

京都の魅力に惹かれて通い続けているうちに、京都には女性に関係した史跡も多いことがわかってきました。美女のような街・京都は、美女達が実際に生きた街でもあるのです。

容貌の美しい女性達は、時の権力者に愛されました。権力者と共に幸せに生きるケースもあれば、反対に数奇な運命に翻弄されることもしばしば。

容貌以外にも美点を持つ女性達の足跡も、京都には多く残っています。文芸の才を持つ人や歌舞音曲の才を持つ人など、都市・京都は、女性の才能を活かす場としても機能していました。また、政治的には男性が表舞台に立つことが多い中で、人をまとめてその上に立つ才を発揮した女性や、美しい心をもって人々を助けた女性の姿も、私達は見ることができます。

古くは平安京ができる前から、明治時代に至るまで。本書で私は、京都に生きた様々な美点を持つ女性達の面影を訪ねています。できるだけ時系列順に、彼女達が生きた地を実際に歩くことによって、彼女達の思いに近づいてみたい、と思ったのです。

天皇の妻や娘といった上つ方から庶民まで、この街では様々な層の女性達が生きてきました。そのほとんどは歴史の中に露と消えていきましたが、しかし全国的に見ると、歴史に名を残している女性が例外的に多いのが、京都という地でもあります。そこが都であったがゆえに、女性達の姿も記録に残されているのです。

彼女達の生き方は、ただ歴史の物語の中で完結するものではありません。彼女達の美点や抱いた願いは、今の京都に生きる女性達、そして日本に生きる女性達の中に、連綿と繫(つな)がり続けている気がしてなりません。

歴史の中の女性達に出会うことは、なぜ自分達が「今、ここ」にいるかを知ることでもある。……と、高校時代の自分に言ってやりたい私。そうすれば修学旅行で、もう少しまともな自由研究ができたであろうに、と思うのですが、京都でポカンとしていた若者時代があったからこそ、歴史を知ることの滋味は今、余計に沁(し)みてくるのでしょう。

何度も京都には行ったことがあって、すでにたいていの名所は見てきた、という皆さま。本書が、歴史にその名を刻んだ女人達の生き方を巡る、次の京都旅行への誘(いざな)いとなれば幸いです。

1 古代のお后達、アウェイとしての京都——光明皇后、高野新笠

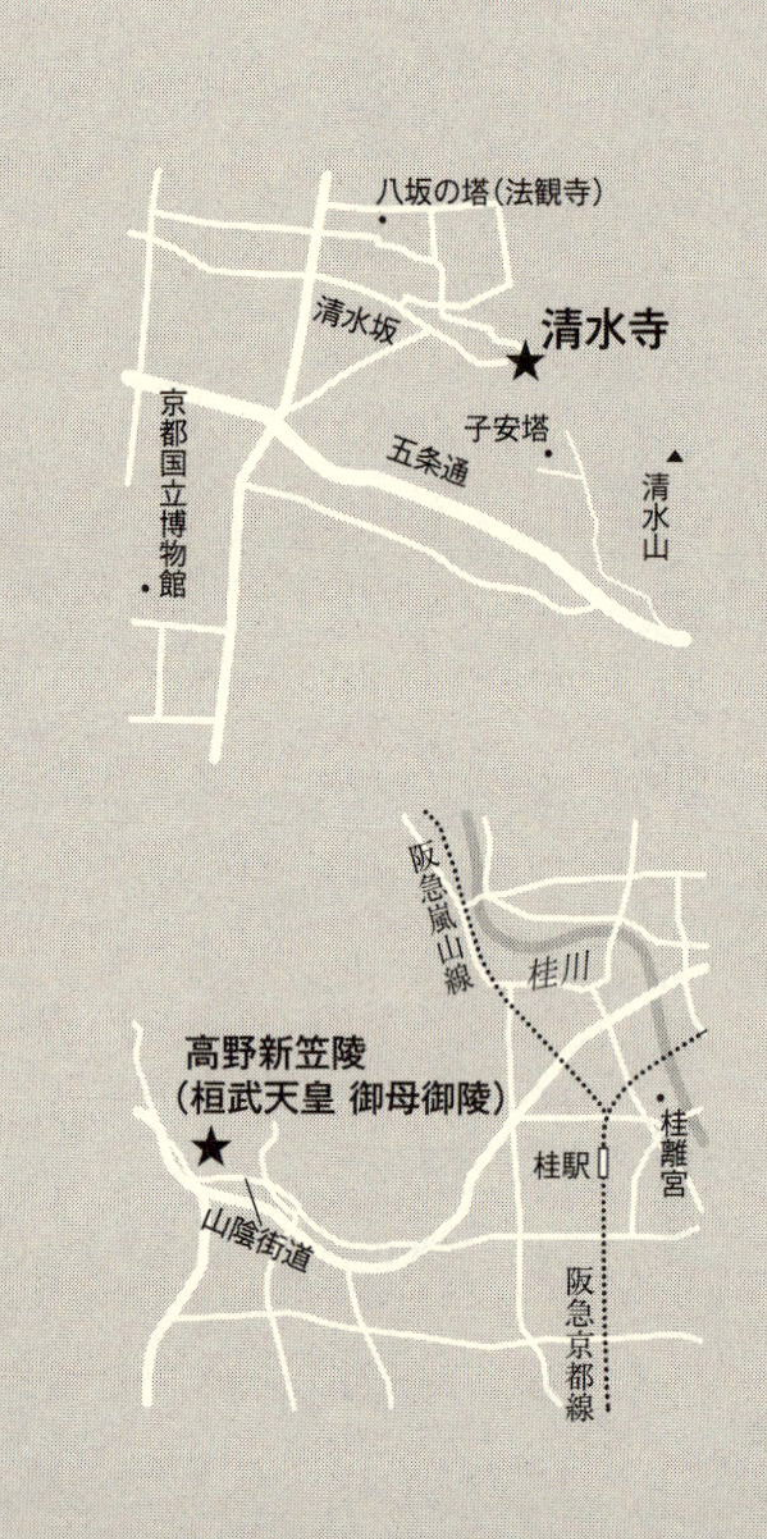

八坂の塔（法観寺）
清水坂
清水寺
京都国立博物館
子安塔
五条通
清水山
阪急嵐山線
桂川
高野新笠陵
（桓武天皇 御母御陵）
桂離宮
桂駅
山陰街道
阪急京都線

ここは女性性の強い街であると、京都に行くたびに思います。舞妓さんが京都のアイコンと化していたり、女性に人気のお店がたくさんあったりといった現象から、そう感じる部分もあるのでしょう。しかし京都に色濃く漂う女性性は、この街のさらなる深層から、湧き上がってくるような気がしてなりません。

京都は、歴史の中に数多くの女性の姿を見ることができる街です。もちろん京都以外の地にも、女性達は生き続けてきました。しかし彼女達は、誰かの「妻」や「母」としての役割を静かにこなし、表に出ることなく生き、そして死んでいった。歴史に足跡を残している女性が、非常に少ないのです。

対して京都においては、その人ならではの才能を発揮した女性、特別な役割を与えられた女性、世の流れを変えた女性……と、歴史に残る多くの場面で、女性の姿を見ることができます。脈々と積み重なってきた女性の歴史が、今の京都に色濃い女性性として滲（にじ）み出てきているのではないでしょうか。

ではなぜ、京都の歴史において女性の姿が目立つのかと考えると、「そこが都であったから」に他なりません。桓武（かんむ）天皇が、長岡京（ながおかきょう）からこの地に都を移したのは、七九四年のこと。以来、千年以上にわたり、この地は日本の中心であり続けました。

天皇がいる地には、文化が栄えます。文化や芸能の担い手としての女性達が、都では必要とされました。また権力が集中する都においては、政治の渦に巻き込まれる女性もいれば、時には強い権力を女性が握ることもあったのです。

都は、知性の集散地でもあります。文字を読み、書くことができる女性達が存在したことによって、当時の女性が歴史の中でどのように生きていたかは現在にまで伝えられたのであり、それは今を生きる私達にとっても、大きな恵みとなっています。

京都を歩いていると、歴史に生きた女性達の息吹を、ふと感じる瞬間があります。歴史上の多くの女性の人生が記録に残らず、〝なかったこと〟にされがちな日本において、ほんのわずかなその気配は、私達に共感や同情や憧憬等、様々な感情をもたらしてくれるのでした。

そして私は本書において、そんな女性達と縁の深い地をできる限り時系列順に巡ることによって、彼女達が生きた「点」を、「線」としてつなげてみたい、と思っています。そうすることによって、線の先には今を生きる私達が連なることになるのではないか、と。

そんな私が最初に訪れたのは、清水寺です。清水寺は修学旅行でも行ったし、観光客で大混雑しているのでしょう？　今さら行かなくても……、と思われるのは、ごもっとも。確かに、外国人観光客が増え続けている京都において、清水寺は一大人気スポットとなっています。私が行った時も、清水寺へと続く坂道は大混雑だったのであり、様々な国の言語が入り乱れ、さながらバベルの塔のようです。

が、私が目指しているのはバベルの塔ではなく、境内にある子安塔なのでした。

子安塔に向かうには、まず拝観料を支払って、おなじみの清水の舞台がある本堂へ。釘を一本も使用していない建物だそうなのに、こんなにたくさんの人が乗って大丈夫なのか。……と心配になってくる清水の舞台に立つと、眼下の谷に広がる木々の緑が気持ち良いのですが、谷の向こうの丘に見えるひときわ映える朱色の塔が、今回の目的地です。


　本堂を後にして、阿弥陀堂や奥の院を通り過ぎれば、子安塔へ到着します。ルートから少し外れているので、ここまで来ると、人はそう多くありません。


　この子安塔には、光明皇后が安産祈願したという話が伝えられているのでした。

光明皇后は、聖武天皇の妃。ということは平安京ができる前、奈良時代の人であり、

「わざわざ京都まで来たの？」という話になりましょう。


　清水寺は開創は八世紀後半ということで、平安京ができる前後から、存在しています。清水寺は平安時代には既に名所だったのであり、多くの古典にもしばしば登場す

る、人気参籠スポットだったのです。

聖武天皇の御代は、清水寺ができた時よりも数十年ほど古い時代となります。そもそも、「北の方角に清泉がある」とのお告げを夢で受けた奈良の僧が発見した湧き水が、清水寺の起源。光明皇后もその泉を求めて、ここまで来たのか。……と想像を巡らしつつ、子安塔を眺めました。

丹塗りの三重塔は、高さ十五メートルほど。清水寺の塔頭の一つである泰産寺が、塔を守っています。塔には観音像が納められているそうですが、その像の胎内には、六センチほどの小さな観音様が、さらに納められているということなのです。

光明皇后といえば、病に苦しむ人や孤児、また今で言うホームレスのような人達のために、悲田院や施薬院といった福祉施設をつくったことで知られています。平安京ができてからも、都の東西に悲田院がつくられましたが、それらはやがて消滅。現在、泉涌寺の塔頭の一つとして残る悲田院は、その名を引き継いだ寺院です。

我が国の福祉の先駆けとなる施設をつくった、光明皇后。彼女はまた、皇族以外の出身で、初めて皇后となった女性でした。藤原不比等と橘三千代の間に生まれた彼女は、名門の出ではあれど、皇族ではないのです。

ここで私がふと思い出したのは、上皇后美智子さまのこと。美智子さまは、明治以降、初めて民間から皇室へと嫁がれた方です。皇室に馴染むためには、様々な努力をされたと、巷間伝えられています。また、災害等の苦難に耐える国民に寄り添うため、力を尽くされてきたことも、私達は知っている。

そんな美智子さまのお姿は、初めて皇族以外から皇后となった光明皇后と、重なって見える気がするのでした。お二人とも皇室の外から来た方だからこそ気がつくところ、そして尽力が数多くあったのではないか。そしてストレスも、と……。

また聖武天皇は、男性天皇としては初めて生存中に譲位して太上天皇となった方。同時に皇后は、皇太后となりました。そんなところもまた、現在の上皇、上皇后ご夫妻と重なるかのようではありませんか。

現在の子安塔は、明治の末に移築されたもので、元は仁王門の近くにあったのだそう。境内をぐるりと回って仁王門まで戻り、観光客がごった返す中をうろうろと探し回ると、ありました。仁王門の手前にある、清水寺警備室を囲む植え込みの中にひっそりと、「光明皇后　念持観音　子安塔趾」と刻まれた碑が。

光明皇后は、この場所で安産を祈ったのでしょうか。今は様々な国からやって来た人々で賑わっていますが、当時は静寂に包まれていたに違いありません。

次に向かったのは、桂（かつら）。京都河原町（かわらまち）駅から、上品なマルーン色の阪急電車に乗り、各駅停車で五駅目が桂駅です。ここで下車する外国人観光客達は、阪急嵐山（あらしやま）線に乗り換えて、嵐山方面に行くものと思われます。

桂は、京都の中心部から距離としてはそう遠くはありませんが、イメージとしては郊外の住宅地です。駅前の佇（たたず）まいは、しっとりした情緒があるわけでもなく、また特別に賑やかなわけでもない。

ここからバスに乗って訪ねようとしているのは、高野新笠（たかののにいがさ）陵です。高野新笠とは誰かといえば、桓武天皇の母君。平安京をつくった帝の生母が、ここからバスで二十分ほど走った大枝山（おおえやま）の麓に、眠っているのです。

桂駅を出たバスは西の方へと進み、やがて道は上り坂となって、丘陵地に入っていきました。周囲には竹林が多く、この辺りで取れる筍（たけのこ）は、高級品として名高いのだそう。

京都大学桂キャンパス、国際日本文化研究センターといった大規模な施設があるこの辺り一帯は、洛西（らくさい）ニュータウンという地域です。一九七〇年代から開発された場所で、今もなお新しい感じが漂う街並みなのでした。

目星をつけて下車したバス停は、住宅地の只中（ただなか）にありました。目指す地を探してうろついていると、今度は巨大な家が立ち並ぶ高級住宅地に迷い込みます。この辺りを桂坂というらしいのですが、当初は地下鉄東西線が延伸するはずが未だ来ていないということで、自動車移動が中心のアメリカっぽい雰囲気が漂っています。

こんな所に、御陵があるのだろうか。……と不安になりますが、この辺りは皇室関係の御陵が点在する地。さらに古い時代の古墳群も、残されています。ニュータウンと古墳とが、肩を並べているのです。

ニュータウンの綺麗な、しかし人が全く歩いていない道を右往左往すること、しばし。ふと出てきた道は、それまでとは全く趣が異なっていました。もちろんアスファルトの舗装はしてあるけれど、道の幅といい、その曲がり具合といい、家の佇まいといい、明らかに道自体の歴史が古いことがわかります。

やはりその道が、探していた山陰街道でした。車がやっとすれ違うことができるくらいの道幅の山陰街道は、古くから京都と山陰地方を結んでいた道。山城国と丹波国の国境がこの辺りであり、旅人だけでなく、数々の武将も、戦のためにこの道を通ったのです。

目指す御陵は、沓掛という、いかにも街道沿いらしい名がつく地域にありました。「桓武天皇御母御陵参道」と彫られた石碑から山道に入り、登ること約五分。ぜいぜいと息切れがしてきた頃に、御陵が見えてきました。石柱でつくられた囲いの中に、鳥居。奥には、木々の緑が鬱蒼と茂っています。

訪れる人は明らかに少なそうですが、道は綺麗に整備され、清掃も行き届いているのは、宮内庁が管理する施設だから。陵墓の清掃等の奉仕をする方々によって、美しく守られているのです。

人の気配は全くなく、ただ風が木々を揺らす音が聞こえるのみ。私がここを訪れてみたかったのは、高野新笠という女性が、天皇の母親として特異な出自を持つからでした。彼女は、百済からの渡来系の一族出身。すなわち、外国にルーツを持つ人なのです。

渡来系ということで、新笠は他の妃達（当時はもちろん、一夫一婦制ではない）とは異なる身構えを持っていたことでしょう。つらい目にあったことも、あるかもしれません。しかし彼女は子宝に恵まれ、結果的には自分の子供が天皇になるという幸運に恵まれることになりました。

新笠が産んだ子供である桓武天皇は、平城京から長岡京へ、そして長岡京から平安京へと、遷都を決行します。結果的に遷都は成功しましたが、都となる前の京都は、奈良の人々からしたら未開の地だったはず。

桓武天皇のそのようなイノベーション魂は、もしかすると母親の影響も大きいのでは……と、御陵から下りつつ、私は思ったことでした。異質の文化をもたらす母親がいたからこそ、桓武天皇は従来の天皇達とは違う刺激を受けつつ、大人になったのではないか、と。

御陵がある大枝は、高野新笠の母親の一族が住んでいた地とも言われています。桓武天皇の妻の御陵もこの近くにあり、桓武天皇、そして平安京にとって、この辺りは縁の深い地なのです。

風に吹かれながら大枝山を登ったり下ったりしているうちに、すっかり疲れてしまった私。しかしこの辺りには、お店はもちろん、コンビニも自動販売機も、ありません。桂駅まで戻らないとお茶は飲めないか。……と、とぼとぼ歩いていると突然、そして奇跡的に現れたのが、昔ながらの小さな喫茶店でした。地元の人しかいないそのお店で飲んだカフェオレが、胃の腑に沁みていきます。

カフェオレをすすりながら思ったのは、光明皇后と、高野新笠のことでした。皇室以外から初めて皇后になった女性、そして渡来系で初めて天皇の母となった女性。彼女達は、結婚によって激しいアウェイ感を覚えたかもしれないけれど、だからこそなしえたことが、あったのではないか。

私達もまた、アウェイの環境の中で戸惑うことが、しばしばあるものです。しかしそこでうずくまるのではなく、少しばかり根性を出してみると、新しい何かが始まるのかも。

……などと思ったところで、そろそろ夕刻。最初に降りたバス停からも遠く離れ、どうやって駅まで戻ればいいかわからないアウェイの地ではありますが、そろそろ腰をあげて、帰途につくことにいたしましょうか。

〈追記〉清水寺、および桂を訪れたのは二〇一九年四月、まだ我々が新型コロナウィルスのことを全く知らない頃でした。訪日外国人観光客数が過去最高となり、京都が大勢の外国人であふれたこの年、清水寺において〝バベルの塔〟感を覚えたことを、後から私は不穏な記憶として思い出すことになります。

2 神に仕えた皇女「斎王」達のドラマ——有智子内親王、選子内親王、済子女王

賀茂川
上賀茂神社
地下鉄烏丸線
北山駅
北大路駅
京都府立植物園
中華のサカイ本店
下鴨神社
鞍馬口駅
櫟谷七野神社
叡電叡山本線
野宮神社
嵯峨嵐山駅
JR山陰本線
有栖川駅
トロッコ嵐山駅
京福嵐山本線
嵐山駅
桂川
渡月橋
斎明神社
斎宮神社
嵐山駅
阪急嵐山線

平安期の文学の中には、「斎宮」「斎院」といわれる女性達が、しばしば登場します。『源氏物語』においても、六条御息所（超人的な嫉妬能力でお馴染み）の娘は、斎宮となって伊勢へ赴きました。また、光源氏が思いを寄せても決して靡かなかった朝顔宮は、賀茂の斎院を務めていたのです。

天皇の名代として、伊勢神宮そして賀茂社にお仕えしたのが、「斎王」と言われる女性達。未婚の内親王または女王の中から亀の甲羅などを使用した占いで卜定された斎王は、それぞれの御所の名である「斎宮」「斎院」とも呼ばれていました。

伊勢神宮に仕える斎宮は、神話の時代から定められていたとされますが、制度として確立したのは、天武天皇の時代。天武天皇が自身の皇女を天照大神のもとに遣わして以降、天皇の代替わりの度に斎王も交代し、南北朝時代まで、六百年以上続いたのです。

賀茂社に仕える斎院は、伊勢斎宮の制度が確立してから百三十年ほど後に定められました。賀茂社は、この地を支配していた賀茂氏の氏神を祀る神社として、白鳳時代から存在していましたが、平安京ができて以降は、都と朝廷とを守る役割も担うようになります。

斎院制度は、平安時代初期の嵯峨天皇が、賀茂社への感謝を捧げるべく、伊勢の斎宮にならってつくったものです。こちらは伊勢とは違って、天皇の代替わりの度に交代するのではなく、何回も天皇が代わる間、ずっと斎院を務め続けたケースもままありました。

今上天皇の妹である黒田清子さんは今、伊勢神宮の「祭主」という任を担っていますが、これは斎宮とはまた別のもの。しかしもしも斎宮制度が今に残り続けていたなら、清子さんが結婚前に斎宮となっていた可能性は、おおいにありましょう。

我々にとっては謎に満ちた存在である、斎王。そのゆかりの地を訪ねようと私がまず向かったのは、京都市上京区にある、櫟谷七野神社です。かなり京都通の方でも、「それ、どこ?」という感じかと思いますが、いわゆる紫野の一画に、この神社はありました。賀茂斎院は賀茂社に住んでいたわけではなく、紫野の斎院を常の場としていたのであり、現在の七野神社一帯の地域に、斎院はあったのです。

平安時代に天皇が住んでいたのは、現在の京都御苑の地ではありません。当時の大極殿があったのは、千本丸太町の交差点のあたり。内裏から続いていた朱雀大路とほぼ重なっているのは、今の千本通です。当時の都心、つまり内裏から見ると、斎院は北郊に位置していました。

七野神社は、観光地図に載っているような、いわゆる名所ではありません。なかなかみつからずに、大宮通から廬山寺通に入ってうろうろと探していると、住宅街の奥に、ぽつんと地味な鳥居を発見。入ってみると、小体のお社と、「賀茂斎院跡」との石碑がありました。

この地を御所とした初代の斎王は、嵯峨天皇の皇女である有智子内親王です。四歳で卜定されてから二十二年間斎院を務め、退下した後は独身のままで過ごし、四十一歳で世を去った、有智子内親王。唐の文化を愛していた父の影響で、彼女も漢文をよくしており、漢詩の才能にも長けていました。

平安時代、漢文は男の教養でした。特に漢詩は、漢文の知識のみならず、詩的センスも持ち合わせていないと、作ることができないもの。有智子内親王が斎王になった背景には、父帝の「娘を、特別な存在にしたい」という気持ちもあったかもしれません。

紫式部も、父親が学者だったことから、女ながらに漢文は身につけていました。弟よりもずっと優秀だったので、父親から「お前が男だったらな……」と言われたとのこと。しかし彼女は女房として務める中で「出る杭」にならないため、対外的には「一」という字すら知らないフリをしていたのです。

平安の初期とはいうものの、有智子内親王が躊躇なく漢詩を書くことができたのは、彼女が一流のお嬢様だったからではないかと、私は思います。天皇の娘で、かつ斎王という特別な地位にあったからこそ、のびのびと教養を発揮しても、「出る杭」にはならなかったのではないか。有智子内親王は、父の期待に応えてその才能を開花させた、「父の娘」だったのです。

初代斎王のそのような存在感が、斎院のカラーを決めたところも、あるような気がします。賀茂の斎王は優れた歌人であったケースも多く、紫野の斎院は文化の香りに満ちた場所だった模様。伊勢の斎宮は、都から遠く離れた地ということもあって静かなイメージですが、都にあって知性豊かな女主人を抱く斎院は、華やかな空気を醸し出していたのです。

身分の高い女君の周囲には多くの女房が侍り、サロンのような場を形成していた平安時代。美しい女房、教養ある女房、センスの良い女房など、バラエティ豊かな女房を取り揃えて魅力的な雰囲気をつくることによって、一流の貴族達を、サロンと女主人とに引き寄せていました。

紫式部も、一条天皇の中宮である彰子に仕える文芸担当女房でした。が、彰子サロンよりも「イケてる」とされる場があって、それは当時の賀茂斎王であった選子内親王のサロン、すなわち紫野の斎院でした。

選子内親王は、村上天皇の皇女。十二歳で卜定されてから、五十七年もの長きにわたって斎院を務め、「大斎院（だいさいいん）」と呼ばれた人です。紫式部が女房として中宮彰子に仕えていた頃、選子は四十代半ば。貫禄（かんろく）たっぷりの斎院だったことでしょう。

選子内親王は、教養豊かで和歌も得意としており、斎院において風雅な暮らしをしていたようです。櫟谷七野神社近辺は、今は普通の住宅地なのですが、大斎院選子がここにいた時代は、華やかな選子サロンに引き寄せられた貴公子達が、そぞろ歩いていたのではないか。

彰子サロン所属の紫式部は、そんな斎王サロンへの嫉妬を抱かずにはいられませんでした。特に、選子に仕えていた中将の君という女房は、紫式部の憎しみの標的に。中将の君が書いた、選子とそのサロンを絶賛するような文を盗み読み（平安時代はこの手の行為が当たり前に行われていた）した紫式部が、「うぬ！」とむかっ腹を立てる様子が、『紫式部日記』には書いてあるのです。

紫式部にとっては仮想敵陣であった七野神社を後にして、私は再び大宮通まで出てきました。庶民的な商店街を眺めながら北上すれば、やがて「中華のサカイ本店」が登場します。サカイ同士だからというわけではありませんが、私はこのお店の名物である冷めんが好物。吸い込まれるように、入店しました。漢詩の才能を発揮した有智子内親王も、この中華の味は知るまいて……と、冷めんを食してしばし休憩。

お腹も満ちたところで、下鴨神社に行くべく、東へ向かいました。平安時代は、上賀茂神社（賀茂別雷神社）と下鴨神社（賀茂御祖神社）とがセットで賀茂社だったのであり、今も続く賀茂社の祭りである葵祭の行列は、御所を出てから下鴨神社へ、そして上賀茂神社へと巡ります。行列には、「斎王代」すなわち斎王の代わりとなる女性が、輿に乗って参加しているのでした。

土用の丑の前後に下鴨神社で行われるみたらし（御手洗）祭に、かつて行ったことがあります。祭の期間は、境内を流れる御手洗川に我々も入ることができるのですが、暑い盛りなのにその水はびっくりするほど冷たく、心身が引き締まる気がしたものです。葵祭の斎王代も、この水に手をつける「御禊の儀」を行うのであり、賀茂社はその昔から、心身を清めてリセットする地だったのでしょう。

神さびた気の満ちる糺の森を抜けて、本殿に参拝した後は、さらに約三キロほど賀茂川沿いを北上し、上賀茂神社にも足を延ばしました。こちらもまた、境内は広大。一の鳥居を入ると参道はまっすぐに伸び、二の鳥居をくぐれば、円錐形に砂が盛られた「立砂」が。これは、本殿の背後にある神山を模しているのだそうです。

葵祭での斎王代は、上賀茂神社の御手洗川でも、御禊を行います。私もそっと手を浸してみると、こちらは軟らかな水。日頃は何かと淀みがちな心の中が、透明度を増したような気持ちになったことでした。

このように、未婚すなわち清い処女のまま、清い地において神様にお仕えしていた斎王達。しかし斎王とて人の子、時にはスキャンダルもありました。今に残るほど有名なものとしては、選子内親王が賀茂の斎王であった時代に起きた、済子女王事件があります。

済子女王は、章明親王の王女。内親王に適当な人がいない場合、女王が斎王になることもあり、済子女王は九八四年に、伊勢の斎王に選ばれたのです。

斎王に選ばれても、すぐに伊勢に行くわけではありません。まず御所内で一年間の斎戒生活を送り、その後に嵯峨の野宮に移ってさらに一年間を過ごしてから、やっと伊勢へ赴くのです。

当然、嵯峨の野宮でも、斎王は清い生活を送らなくてはなりません。しかしあろうことか済子女王は、野宮で警備にあたっていた滝口の武士である平致光と、〝清くない〟関係に陥ってしまったのです。その噂が天皇の耳に入って大騒動となり、済子女王は任を解かれることになりました。
スキャンダルの舞台を眺めるべく、私は嵯峨へ。嵯峨を象徴する風景である竹林は外国人にも大人気で、人力車も頻繁に走っています。彼らをすり抜けながら到着した野宮神社は、かつて野宮が置かれていたとされる地なのであり、『源氏物語』にも描かれた通りの、黒木の鳥居と小柴垣（こしばがき）が見えてきました。

小柴垣を目にして、つい「あっ」と思ってしまったのは、済子女王のスキャンダルを春画として仕立てた作品の名が『小柴垣草子』だから。

小柴垣草子は、鎌倉時代に描かれたとされている、日本で最も古い春画の一つです。清い存在でなくてはならない斎王が、野宮を警備するガードマンと「して」しまうというお話は、当時の人々にとってどれほど刺激的であったでしょうか。男女が大胆に痴態を晒（さら）す背景に描かれるのはそう、野宮を象徴する小柴垣なのです。

今は神社となった地において、そのような不浄なことを考えてはいかん……と自戒した私でしたが、済子女王の気持ちも、わからぬではありません。今は多くの観光客で賑わう嵯峨ですが、平安時代は森閑とした場所だったことでしょう。家族や友人とも離れ、ほどなくしたらさらに遠い伊勢まで行かなくてはならないという時、まだ若い彼女が「私の女としての愉（たの）しみや幸せは、どうなるのかしら」と思っても不思議はあるまい。そんな時に、思いがけず滝口の武士に迫られたなら（女房が手引きをしたらしい）、つい身を任せてしまっても責められないのではないかと、現代を生きる私は思ってしまうのです。

今は縁結びの神さまとしても有名な、野宮神社。平安時代はこの辺りで、様々な縁が結ばれたり、切られたりしていたのでしょうね。……と思いつつ、私は竹林を後にして、嵯峨街道へ。

伊勢へ行く前に斎王が身を清めた野宮は、斎院のように一か所に定まっていたのではありません。新しい斎王が決まる度に、いちいち新しく造っていたので、嵯峨の一帯には、斎王ゆかりの地が点在しています。嵯峨街道を歩いていると、斎明神社や斎宮神社といった、かつて野宮だったとされる場所が散見されるのでした。

斎王となった女性達は、お役目を終えた後は、どのような生活を送ったのでしょうか。生涯を独身で過ごした人もいれば、結婚して子供を産んだ人も。また、斎王時代は神様に仕える身として避けなくてはならなかった仏教に帰依する人も、いたようです。俗世から切り離された生活が終われば、一人の女性として生きていった、元斎王達。聖と俗、両方の世界を知っていたことを考えれば、彼女達がしばしば優れた詩心を持っていたのは、当然のことだったのかもしれない、と思います。

3 美女の信仰、美女への復讐

――檀林皇后、小野小町

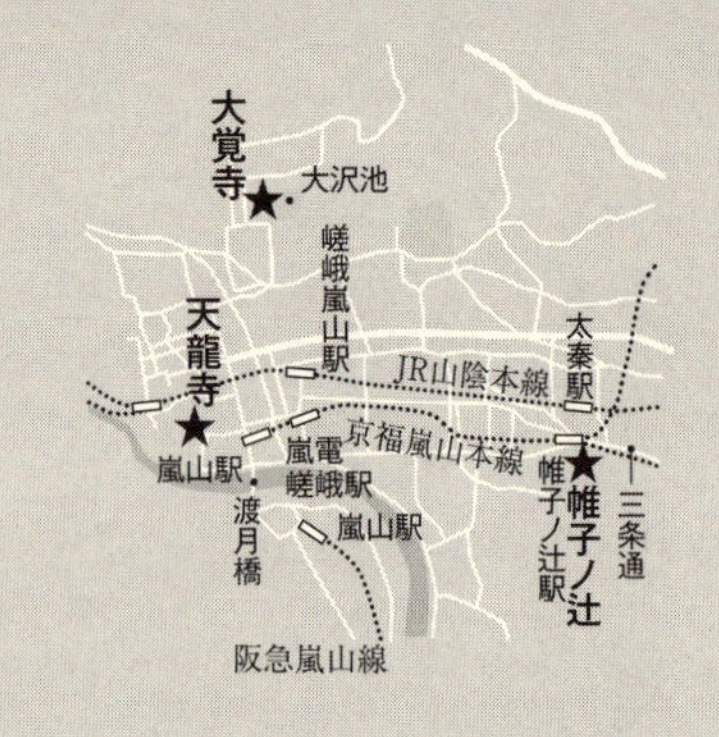
大覚寺
大沢池
嵯峨嵐山駅
天龍寺
太秦駅
JR山陰本線
京福嵐山本線
嵐山駅
嵐電嵯峨駅
渡月橋
嵐山駅
帷子ノ辻
帷子ノ辻駅
三条通
阪急嵐山線

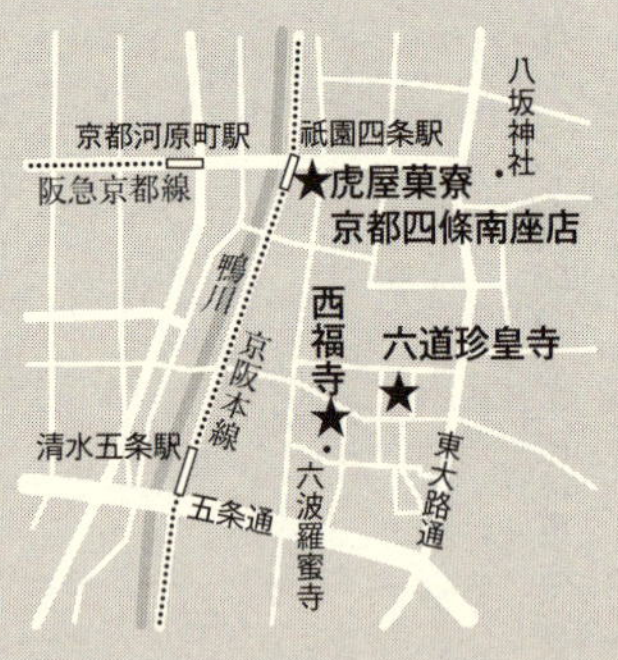
八坂神社
京都河原町駅
祇園四条駅
阪急京都線
虎屋菓寮
京都四條南座店
鴨川
西福寺
六道珍皇寺
京阪本線
清水五条駅
五条通
東大路通
六波羅蜜寺

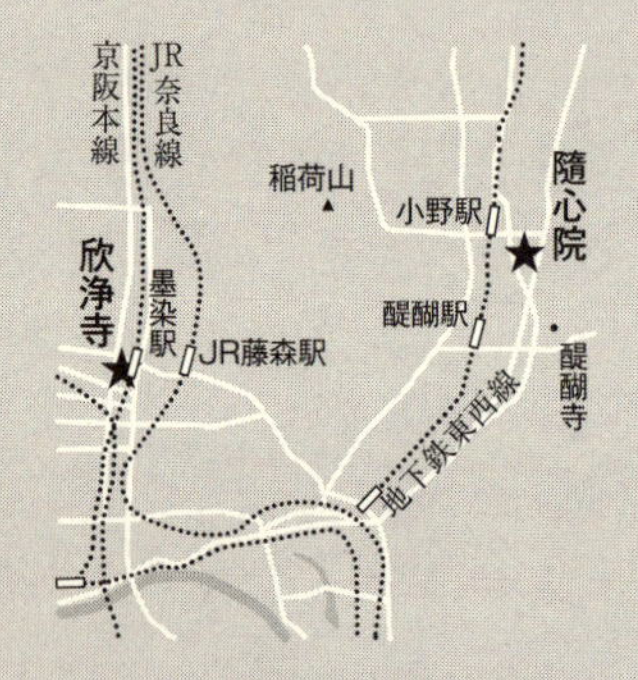
京阪本線
JR奈良線
稲荷山
随心院
小野駅
欣浄寺
墨染駅
JR藤森駅
醍醐駅
醍醐寺
地下鉄東西線

市原駅
補陀洛寺
叡電鞍馬線
上賀茂神社

賀茂社に仕えた「斎院」の初代は、嵯峨天皇の皇女である有智子内親王であると、前章に書きました。嵯峨天皇といえば、空海、橘逸勢とともに三筆として知られる人物。平たく言うなら、非常に字が上手な人だったわけです。のみならず唐の文化にも強い関心を示したのであり、有智子内親王が漢文の教養を身につけていたのも、父譲りと言えましょう。

空海と橘逸勢は、共に遣唐使として唐に渡っています。空海は嵯峨天皇と仲良しですし、嵯峨天皇の妻・橘嘉智子は、逸勢のいとこ。唐の文化が積極的に取り入れられる時代にあって、嵯峨天皇の周囲には、唐という最先端の国の文化と、知的な空気とが溢れていたと思われます。

嵯峨天皇ゆかりの地ということで、今回は京都駅からJR山陰本線に乗って、嵯峨野へと赴いた私。嵯峨嵐山駅の北口から向かった大覚寺は、猛暑のせいか人が少なく、熱気と静けさとに満ちていました。

嵯峨天皇がこの地に離宮をつくったのが、大覚寺の前身。それは橘嘉智子との結婚のタイミングであったという話もあり、二人はこの静かな郊外の地で、新婚生活を送ったのかもしれません。あちこちに菊の御紋が配されているのは、その後も皇室とゆかりの深い門跡寺院であるからでしょう。

のちに檀林皇后と呼ばれることになる橘嘉智子は、美人のほまれ高い女性でした。かつては名家であった橘家ですが、当時は既に勢いを失っていました。橘家出身の皇后は嘉智子が初めてですが、それも彼女の美貌があってこそと思われます。嘉智子は、橘家出身の最後の皇后ともなりました。

境内の大沢池は、嵯峨天皇が唐の洞庭湖を模してつくったもので、庭園の池としては日本最古。広い池には蓮の花が咲き、まるで極楽浄土のようです。嘉智子も嵯峨天皇とともに、この景色を愛でたのか。……などと考えていたら、猛暑のあまり自分が極楽へ行きそうになってきたので、退散して今度は駅の反対側の、大堰川左岸にある天龍寺へと向かいました。

猛暑にも負けない観光客でごった返す天龍寺のあたりは、嘉智子がかつて、檀林寺という寺を建立した場所です(現在、別の場所にある檀林寺とは直接関係はない)。檀林とは、僧侶の養成機関のこと。信仰に篤い嘉智子が建てたこの寺は、平安時代にはたいそう栄え、そこから彼女は檀林皇后と呼ばれるようになったのです。

美しく、教養豊かな檀林皇后。彼女については、様々な伝説も今に伝えられています。歴史の中に多くの伝説が残る女性がたいてい美人とされているのは、やはり美人の方が、人生に物語が生まれやすいからなのか。これからは、その伝説の地を追ってみましょう。

天龍寺近辺の人混みを抜け、嵐電嵯峨駅から嵐電に乗った私。バス停のような間隔で駅がある嵐電の四駅目、帷子ノ辻駅で下車しました。この辺りは、いわゆる太秦。ほど近くに松竹の撮影所があったり、大映通り商店街があったりと、昭和の時代は映画の町として栄えた地です。

下車してすぐ、三条通に出たところの交差点が、帷子ノ辻。この地名にも、檀林皇后は関係しています。そこはかつて、檀林皇后の遺体を放置した地とも、また遺体を運ぶ時に、覆っていた帷子（単の着物）が風で飛んで落ちた地とも言われているのです。

なぜ檀林皇后の遺体を道端に放置したのかというと、それは彼女の遺言、ということになっています。あまりに美しかった、彼女。当然モテましたが、仏門に帰依する彼女としては、それは喜ばしいことではありません。

そこで彼女は、自分が死んだ時は遺体を放置して、その朽ちていく様を人々に見せるようにと言い残したそうなのです。生前はどれほど美しくとも、死んでしまえば腐り果て、やがて骨となるだけ。その姿を人々に見せることにより、人々の煩悩を鎮めて、仏道への誘いとしたい、と。

美人の考えることはよくわからん。……と思いつつ眺める帷子ノ辻は、今となっては特に変わったこともない交差点であり、とても遺体を放置することなどできません。昔はどんな雰囲気の場所であったのか、と想像を巡らせていた、その瞬間。急に嵯峨野の方から、冷気を含んだ風が、強く吹いて来ました。のみならず一天にわかにかき曇り、今風に言うならゲリラ豪雨、昔風に言うなら夕立が、激しく降ってきたではありませんか。

私を含め、歩いていた人々はしばし屋根のある場所に入って雨宿りをしたのですが、軒下にも雨が吹き込むほどの強風。檀林皇后の遺体にかけられていた帷子が飛んでしまったのは、こんな天気の時ではなかったか、と思わせる天候の激変でした。

翌日、酷暑の中で向かったのは、祇園の南側、六波羅と言われる地です。京阪電車を清水五条駅で下車して少し歩いただけでも、全身から汗が噴き出します。猛暑の中、京都に来たのは、この時期にこの地で行われる「六道まいり」を見るためでした。六道まいりとは、お盆の前にお寺にお参りして、ご先祖様の霊をお迎えする行事。一帯には、お精霊が宿るという高野槇を売る露店が並び、迎え鐘の音が響いています。

この辺りは、平安時代から葬送の地であった鳥辺野の麓。あの世とこの世の境界とされており、六道珍皇寺には、小野篁が毎夜、あの世に通うのに使ったという井戸があります。

あの世へのアプローチとしての機能を果たしていた六波羅の辺りが、さらにあの世への門戸を広く開けるのが、六道まいりの時期なのでした。この地にある西福寺では、六道まいりの期間中に、檀林皇后の姿が描かれた九相図を公開するということで、私はやって来たのです。

この世とあの世の境である六道ノ辻の一角に、西福寺はありました。小さなお寺に、迎え鐘を鳴らす人々が、ひっきりなしにやって来ます。

しかし寺の入り口には、「山主往生」との木札が立てられていました。何でもご住職が他界されたため、九相図の公開は行われないということではありませんか。残念ですが、旅にハプニングはつきもの。次の機会を待とう……。

六道の辻に空海が地蔵堂を開いたのが、西福寺のはじまりとされています。檀林皇后も、地蔵堂に熱心に参籠されたとのこと。

とはいえ檀林皇后の時代は、さすがにここまで暑くなかったことでしょう。暑さに朦朧とし、鳥辺野方面に引きずられそうになりつつも祇園方面に歩みを進めれば、砂漠のオアシスのように目の前に登場したのは「と」「ら」「や」の三文字と、「氷」と書かれた旗。吸い込まれるように入って食したいちご氷（ちなみにそこは、「虎屋菓寮京都四条南座店」。初音ミクが登場する八月南座超歌舞伎にちなんだ特別メニューだったそうです）によって、息を吹き返したのでした。

檀林皇后と同じ時代にもしかしたら生きていたかもしれない、もう一人の伝説的な美人。それは、小野小町です。冥界と行き来していた小野篁の娘説や孫説もありますが、いずれもはっきりはしません。美人としては圧倒的な知名度を誇る小町ですが、生没年はおろか、実在したかどうかも、定かではないのです。

小町に関する多くの伝説は、日本のあちこちに残っています。秋田で生まれたという説があるのは皆さんご存じの通りですし、京都の中にも、多くのゆかりの地が存在しています。小町に懸想した深草少将を「私のところに百日通ったら、会ってあげる」と日参させたというお話が、最も有名でしょう。

その時、小町が住んでいたのが山科の随心院と言われ、また深草少将の邸宅は伏見の欣浄寺とされています。それは歩くなら往復で二時間はかかっていたであろう距離なのでした。

結局、深草少将は思いを果たすことができなかったのですが、小町のことが好きだったのは、深草少将だけではありません。小町の許に届いたたくさんの恋文を埋めたという塚が随心院にはあるほどに、彼女は多くの殿方の思いを袖にしてきたのです。

そんな小町の終焉の地とされているのは、意外と寂しい地なのでした。出町柳駅から叡電（叡山電鉄）に乗って北へ向かい、市原下車。さらにバスに乗りつげば、小町が人生最後の日々を過ごしたとされる補陀洛寺が、鞍馬街道沿いに佇んでいます。

冬になれば雪が積もることも珍しくないという市原は、謡曲『通小町』にも登場します。八瀬で修行する僧のところに毎日、木の実などを捧げにやってくる女。その女は市原野から来ていると言い、小町の霊ではないかと僧が出向いてみれば、そこに深草少将の霊も現れて……というお話です。

『通小町』のみならず、老いた小町を描いた『卒都婆小町』など、能には「小町もの」と言われる一連の作品がありますが、「絶世の美女であった小町が、今や……」という物語に対して人々が心を動かされるからこそ、小町ものというジャンルは成立したのではないか。

補陀洛寺は、静かな山のお寺でした。小町の時代はさらに、寂しい地であったことでしょう。あばらが浮き出た小町の「老衰像」などを拝見。小町亡き後、その髑髏の片目からすすきが生えていた、という話も残っています。

それだけではありません。お寺の奥様が、

「こんなものもあります」

と、取り出して見せてくださったのは、小野小町の九相図の掛け軸ではありませんか。六波羅で檀林皇后の九相図を見ることが叶わなかった私ですが、はからずも市原野において、小野小町の九相図に巡り会うことができたのです。

では九相図とは、何か。『九相図をよむ　朽ちてゆく死体の美術史』（山本聡美／角川選書）によれば、女性の死体が朽ちていく九段階を観想するという仏教の修行が、かつてあったとのこと。生前、どんなに美しかった人でも、死んで腐れば、汚い液や腐臭が溢れ出てくる。その事実を頭に叩き込むことによって女性に対する淫欲を遠ざけるという、それは何とも現実的な行であり、その時に用いたのが九相図なのです。江戸時代には、小野小町や檀林皇后をモデルとした九相図が、盛んに描かれていました。亡くなった直後はまだ美しい状態の〝ボディー〟が、次第に膨張し、腐敗し、動物に食べられ、骨となってばらばらに散っていく。……という九つの様が、拝見した九相図には生々しく描かれていました。見つめていると、汗も引いていくかのよう。非常にグロテスクなこの絵を、なぜ掛け軸とする必要があるのだろうか、と思うわけですが、九相図が仏道の修行で使用されたことを思うと、合点がいきます。女人に対する欲望を断つことが目的であるからこそ、掛け軸にして日々、見つめる必要があったのです。

見ていると、きっと本物の死体をモデルにして描いたのではないか、という気がしてくる九相図。ここまでしなくてはならないものかと思いますが、しかし仏教の道を歩む人にとって、自らの内奥から湧き上がる淫欲は、深刻な問題でしょう。九相図のモデルとなったのが檀林皇后や小野小町という歴史上の美女であるのも、これが男性の欲望を萎えさせるためにある「逆AV」「逆ポルノ」だとしたら、美女である必要性が理解できます。生前の美しさと死後の醜さのギャップが大きいほど、修行の〝おかず〟としては効果的なのですから。

ただ檀林皇后と小野小町とでは、九相図のモデルとなった背景が、やや異なる気がします。同じ美人でも、檀林皇后の場合は、熱心に仏道を信仰していた人。だからこそ、「私が死んだら、遺体を道端に捨てるように」と言い残した、との説が生まれたのでしょう。自分の肉体が腐り果てていく様子という、いわばライブ九相図を見せることによって人々を仏道へと導こうとするという、それは最後の善行です。

対して小野小町の場合は、老後そして死後の扱われ方に、美女に対する人々の復讐(ふくしゅう)

心のようなものが混じっている気がします。深草少将など、多くの男性の心を翻弄したとされる、小町。「どんな美人も、盛りを過ぎれば醜い老婆。生前に好き放題していたからこそ、死んだ後も惨めなことになるのだ」という、美女に冷たくされた経験を持つ男性達による怨嗟の思いが、老後そして死後の小町の扱われ方には込められてはいまいか。

美女をモデルとした九相図でも、檀林皇后の場合はそこに敬意が存在しているのに対して、小野小町の場合は「ざまあみろ」的な感覚が混じっている気がしてなりません。そして小野小町のような「盛りを過ぎると不幸になる美女」を求めたのは、男性だけではなかったようにも思うのです。

九相図を見ることによって欲望を鎮めようとしたのは男性ですが、「美女が醜くなっていく」とか「美女の行く末が惨めなことに」というストーリーを欲する気持ちは、女性もまた抱いていたのではないか。特に美しくもない女性達の、美女に幸をかっさらわれているような気持ちをも、小野小町の老衰像や九相図は、満足させたように思うのです。

市原野の木々に囲まれた補陀洛寺において小野小町の九相図を眺めていると、自分の中にもそのような醜い心が確実に存在していることが、理解できます。同時に感じるのは、自分もまた、少しずつ朽ちていく途上を生きているということ。もちろん小野小町のような美女ではないけれど、シワだのシミだのといった老化現象は、いちいち死への一里塚であり、自分もまた死んだ後はすぐに腐敗していく肉の塊でしかないという事実が、迫ってきます。

腐りゆく美女の図は、かつて多くの男達の煩悩を鎮めたことでしょう。そして多くの女性達にも、人は同じ場所にとどまり続けることはできない、ということを教えてきたはず。歴史の中に名を残す美女達は、今もなお、美というものがいかに脆（もろ）いかを、私達に伝え続けているのでした。

4 平安初期の悪と愛

——藤原薬子、藤原高子、伊勢

平城天皇
楊梅陵
第一次
大極殿
大和西大寺駅
・平城宮跡歴史公園
近鉄奈良線
朱雀門

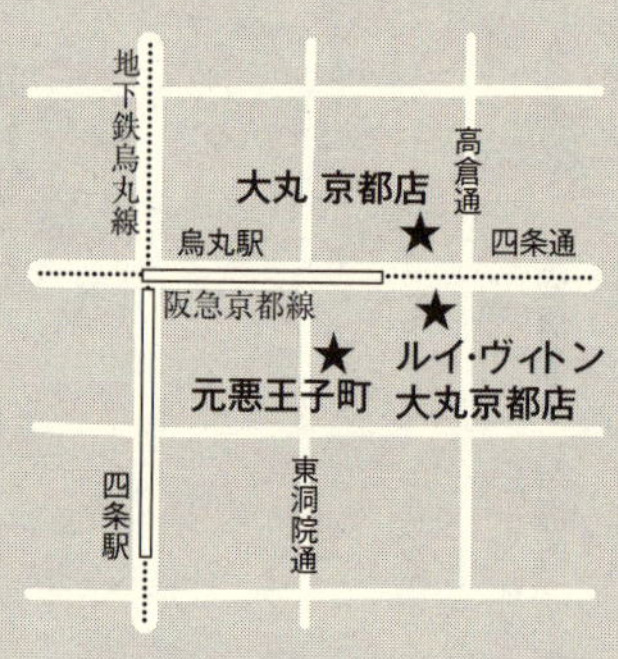
地下鉄烏丸線
高倉通
大丸 京都店
烏丸駅
四条通
阪急京都線
ルイ・ヴィトン
大丸京都店
元悪王子町
四条駅
東洞院通

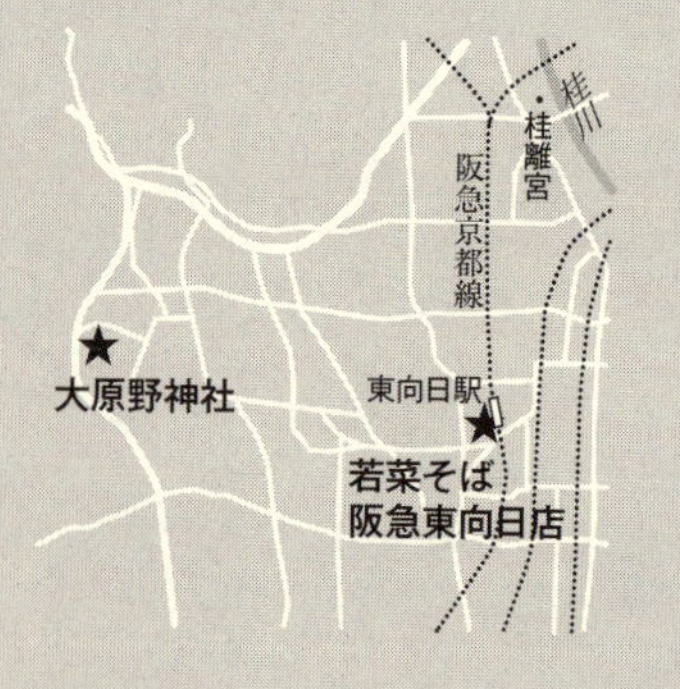
桂川
・桂離宮
阪急京都線
大原野神社
東向日駅
若菜そば
阪急東向日店

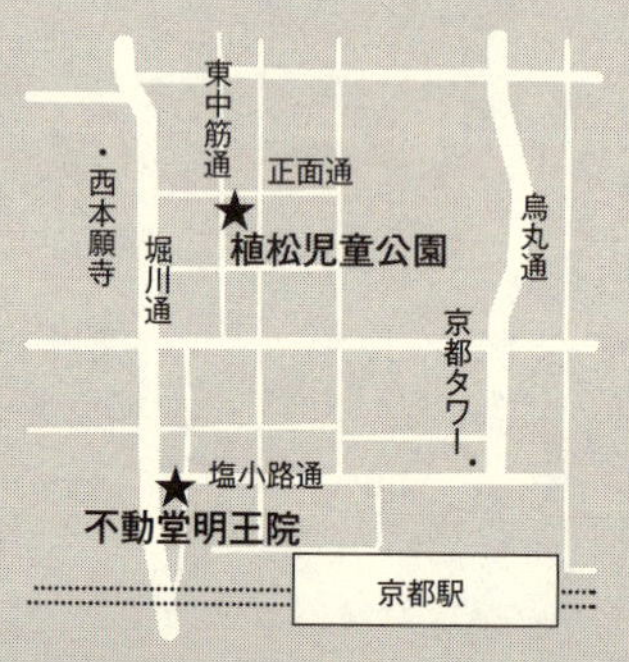
東中筋通
正面通
・西本願寺
植松児童公園
堀川通
烏丸通
京都タワー・
塩小路通
不動堂明王院
京都駅

プロレス用語で解説する必要はないかもしれませんが、平安初期の京都における代表的ベビーフェイスが美人で信心深い檀林皇后だとしたら、ヒールの女王は間違いなく藤原薬子（くすこ）かと思います。平安初期に限らずとも、薬子と言えば日本の歴史に名を残す、代表的な悪女なのですから。

薬子の人生を感じるべく向かったのは、奈良です。「女人〝京都〟」なんじゃないの、という話もありましょうが、薬子にとって奈良は因縁の地。京都駅から近鉄特急に揺られるあいだ、薬子について考えてみましょう。

檀林皇后は嵯峨天皇の妻でしたが、嵯峨天皇の同腹の兄に、平城（へいぜい）天皇がいます。平城・嵯峨の兄弟は桓武天皇の息子であり、桓武→平城→嵯峨の順に、皇位を継承しました。

平城天皇は、非常に悪いイメージを後世に残してしまった人です。それというのも彼が薬子を寵愛（ちょうあい）し、薬子に操られるかのように、騒動を起こしたから。

薬子は、そもそも平城天皇の妃の母親でした。が、平城天皇は義母である薬子と、関係を持ってしまいます。

薬子はよほど魅力的な女性だったのでしょう、平城天皇はその魅力に溺れ、彼女なしではいられないように。薬子は夫を持つ身でありつつ、娘の夫を寝取った形になるわけで、次第に薬子とその兄が天皇を操っていると言われるようになるのです。

平城天皇は、薬子と関係を深めると、その夫を大宰府にとばしてしまいます。やがて弟の嵯峨天皇に譲位し、自身は上皇に。その時、自身の息子が東宮になったので、将来は天皇の父として権力を持つ目論見があったことでしょう。

やがて体調を崩した上皇は、転居を繰り返した後、平城宮に移りました。旧都でのんびりと隠居生活を送るつもりだったかというと、さにあらず。上皇は権力を取り戻すべく、旧平城京に遷都するとの令を発したではありませんか。

しかしそんな兄を、嵯峨天皇は制圧。上皇はすぐに出家し、共に奈良に住んでいた薬子は追放され、服毒自殺するのです。

一連の騒動は、かねて「薬子の変」と言われていました。薬子が主導したということになっていたわけですが、昨今は上皇の責任が重視され、「平城上皇の変」と呼ばれるようになってきたとのこと。

とはいえこの事件においては、やはりヒールとしての薬子の存在感が際立つことよ。

……と思っているうちに、近鉄特急は大和西大寺駅に到着しました。今となっては、三十分少々で京都から気軽に来ることができる、奈良。しかし平安時代に京都からこの地に戻ってきた時、上皇と薬子は、どのような思いを腹に抱いていたことでしょう。

平城宮跡では、朱雀門や第一次大極殿（天皇が重要な行事等を行う、都の中心施設）などが復元されています。まずは朱雀門からスタートし、第一次大極殿を目指して歩き始めました。途中、近鉄の線路を渡ったりしつつ草むらを行けども行けども、目的地にはなかなか到着しません。平城宮、だだっ広い……。

第一次大極殿に入ることができるのは、午後四時までとのこと。その時、時計の針は、四時少し手前を指していました。やっと入り口が近づけば、警備員さんは「急いで！」と、手招き。猛然とダッシュして滑り込むと、遅刻しそうな当時のお役人の気分に。

大極殿は、堂々とした丹塗りの建物でした。鮮やかな朱色が、青空に映えています。平城上皇が自身の離宮を構えたのは、この場所です。

息を切らせつつ建物の上にのぼると、「天子南面す」の言葉通り、天皇の玉座である高御座が、南を向いていました。大極殿は奈良盆地の北端に位置しているため、南を見れば、はるか遠くまで見渡すことができます。空の広さが京都とは全く異なり、「まほろば」という語が浮かんできました。

その景色を見ながら思ったのは、「平城上皇は、この地が好きだったのではないか」ということです。まだツルツルの新しい都であった平安京より、古代の息吹を感じさせる父祖の地を、彼は愛したのではないか、と。

薬子が服毒したのも、この辺りだったかもしれません。彼女は、自分についての悪評を、よくわかっていたはずです。企てが失敗したことを知った瞬間に自ら死を選ぶという事実が、彼女の行動力を証明していましょう。

対して平城上皇は、薬子が死んだ後、政治力は失ったものの、静かに十四年を生きました。第一次大極殿のすぐ北側にある楊梅陵（やまもものみささぎ）は、平城上皇が眠る地です。それは、彼の奈良愛を感じさせる立地。今はのどかな空気が漂いますが、もしも奈良に都が戻っていたなら、現在の京都と奈良の姿は、全く違ったものになっていたことでしょう。

薬子という強いパワーを持つ女性がいなくなった途端、上皇の野心は消滅したのかもしれません。どちらが主導したにせよ、薬子がいなければ、上皇は大それたことを考えなかったようにも思え、今も私はあの事件を、「薬子の変」と呼びたい気がするのでした。

その後、平城天皇の子孫は臣籍（しんせき）に降（くだ）り、在原（ありわら）姓を名乗りました。皇位継承の道はここで断たれたわけですが、平城天皇の孫には、美男のモテ男として有名な在原業平（なりひら）がいます。

『伊勢物語』を書いたとされる業平は、多くの女性と浮名を流しました。中でも印象的なのは、『伊勢物語』にも印象的に描かれている、二条の后との関係でしょう。

二条の后とは、藤原高子のこと。藤原北家の勢力を強めた藤原冬嗣の孫にあたり、清和天皇の女御となって、陽成天皇を産んだ女性です。

高子は若い頃、清和天皇の後宮に入るため、叔母である皇太后順子の邸に預けられていました。業平との関係が生じたのは、その時のこと。順子の邸に、業平は忍んできたのです。

順子が住んでいた東五条第は、現在の四条高倉の辺りにありました。四条通は京都の目抜き通りであり、そこに高倉通が交差する辺りも、賑やかな街中です。東五条第があったのは、大丸京都店（「京都てん」ではなく「京都みせ」と読む）の、ちょうど向かい側でした。そこには、ルイ・ヴィトンの巨きな路面店が。業平にルイ・ヴィトンは、よく似合います。

裏手に回ってみると、「元悪王子町」という町名表示がありました。業平とは関係のない命名ではあれど、元は悪だった王子というのもまた、業平にぴったりの町名ではありませんか。

業平はここで高子と関係を結び、それがばれてしまったため、二人の仲は割かれます。もうすぐ他人のもの、それも天皇のものになる女性と「して」しまうというのは、『源氏物語』における光源氏と朧月夜の関係を彷彿とさせる事件です。朧月夜事件が原因で源氏が明石・須磨へ隠遁したように、『伊勢物語』に描かれる東下りの物語も、高子事件が原因という話も……。

しかしそんなほとぼりも、やがては冷めます。色々ありつつも、高子は清和天皇の女御となりました。が、高子と業平が「して」から約十五年が経った頃、二人がその情事を思い返す時があったのです。ルイ・ヴィトン近辺から地下に入り、阪急電車に乗って、その現場に向かいましょう。

京都河原町駅から、約二十分。下車した東向日駅のあたりは、西国街道と接する落ち着いた町並みでした。お昼時だったため、まずは駅にある「若菜そば」(旧「阪急そば」)、にて、肉きつねうどんをオーダー。関西の味を素早く流し込んでから、バスに乗車しました。

バスはすぐに、のどかな田園地帯に入ります。この辺りは、京都盆地の西の果て。以前訪れた、高野新笠の陵のあたりも過ぎてさらに西へ向かい、小塩山の麓の辺りに、大原野神社はありました。

中心部からは離れた地であるが故に、観光客にはあまり知られぬ大原野神社ですが、そもそもは長岡京遷都の際、藤原氏の氏神である春日神社の神をこの地に勧請したのが始まり。平安時代には、藤原氏から篤い信仰が寄せられていました。参道を歩くと、特別な場所であることを感じさせる清い風が吹き抜けていきます。

三十代後半となった高子が、大原野神社に参拝した時のこと。その時に随行していた、右近衛権中将の業平は、高子に、

「大原や小塩の山も今日こそは神代のことも思ひいづらめ」

との歌を、そっと囁くのでした。大原の小塩山の神様も、昔のことを思い出しているでしょう、といった意味ですが、そこには高子に対する「昔のこと、思い出しますよね」という呼びかけが含まれています。もっと平たく言うならば、「我々、昔『し』ましたよね」という。

このような清らかな地で、元カノに対して昔の情事の記憶を思い起こさせるとは、さすが名うてのプレイボーイ。高子の胸にも業平の胸にも、互いに対する思いの熾火が残っていた気がしてなりません。

平安時代、このように女性達はかなりの性的自由を持っていました。邸に忍び込んできた業平に「され」てしまうというのは性犯罪ではないのか、という話もありますが、それが当時の様式。誰かと「した」からといって、別の人と結婚できないわけで

はなかったのです。

平安前期を代表する女性歌人である伊勢もまた、性的にお盛んな人でした。平城天皇より八〇年ほど後の帝である宇多天皇の中宮温子に女房として仕えていた、伊勢。時の権力者・藤原基経の息子である仲平、色好みで有名な平中こと平貞文らに言い寄られて関係を結び、やがては宇多天皇のお手つきにもなり、子を産みます。

自身が仕える温子の夫と「して」しまい、子を産むだなんて、女房として大丈夫なのか。……と今を生きる私達は思いますが、そのようなことがあっても、温子と伊勢の関係は良好でした。一夫多妻で、身分の差もはっきりしていた当時。温子のような高貴な女性は、夫が自身の使用人に手を出しても、ほんの戯れとして捉える感覚がありました。『源氏物語』においても、源氏は各所の女房達に手を出していますが、その行為は、ものの数として捉えられていません。

ちなみに伊勢の元彼である仲平は、温子の同腹兄弟。温子にとって伊勢は、自分の兄弟とも夫とも「して」いる女、ということになります。のみならず伊勢は、仲平の兄である時平とも「して」いたりもするので、実の兄弟がそちらの方でも兄弟に、という活躍ぶりなのです。

しかし温子は、伊勢を「ふしだら」などと思うことなく、才能豊かな彼女を可愛がっていました。階級差があると嫉妬の対象から外れるというのは、よくわからない感覚だ……と思いつつ、伊勢が温子に仕えていた邸があった場所を、訪ねてみます。その邸の名は、亭子院。もともとは父・基経が温子に与えた邸であり、宇多天皇が譲位して法皇となった後に住んでいた所でもあります。

亭子院跡は、今の京都駅から歩いて行くことができる場所にあります。烏丸口を出たら西へ向かい、ビックカメラやハローワークを過ぎて細い塩小路に入ると、大きなビルに囲まれるようにひっそり佇んでいたのが、不動堂明王院。かつて亭子院にあった不動尊が、ここで今も祀られています。

ほど近くにはオムロンの本社があるのですが、そういえばオムロンは、かつて本社が御室にあったが故の社名。御室といえば宇多天皇が創建した仁和寺であるわけで、宇多天皇との縁が感じられる立地なのでした。

不動堂明王院から北へ広がる一帯が、かつて亭子院があった場所です。池の中の島に亭子があるという目新しい庭が有名だったことから、亭子院と言われたのだそう。宇多天皇はここに、紀貫之や凡河内躬恒といったスター歌人を招き、歌合などの催しを開きました。もちろんそこには伊勢もいたわけで、亭子院は文化揺籃の地でもあったのです。今では、ほど近くに西本願寺があるため、法衣店や仏具店など、仏教産業のお店が目立つこの辺りですが、当時の文人・歌人にとって亭子院は憧れの地だったのではないでしょうか。

愛用の地図を片手に、亭子院の敷地の北端辺りという植松児童公園を探してうろうろしていると、スマホも使わず佇む私を哀れに思ったのでしょう、制服姿の女子高生が、

「迷ってはりますかぁ？」

と、声をかけてくれました。色白でたおやか、まさに京美人の彼女は、取り出したスマホでしゅっと検索して、公園の場所を教えてくれました。もしかしてこの子は伊勢の幻影？……と、私は思わずうっとり。

教えてもらった公園は、滑り台やうんていがある、普通の児童公園でした。そこに亭子院の面影は皆無でしたが、ブランコに腰をかけて少々漕ぎつつ思ったのは、色々な男性と「する」ことは、当時の女性に力を与えたのではないか、ということ。女性が滅多に外に出られない生活の中で、男性と会うことは外の情報を得ることでもありました。薬子も高子も伊勢も、その後の感覚で言ったら色好みと言われる人かもしれませんが、モテたからこそ彼女達は、世界の広さと、人の心の深さを知っていた。

特に伊勢は、モテるという資質を、自身の和歌に存分に活かしました。異性との関係は芸の肥やしとなったのであり、女性の性的活動が制限されなかったからこそ、平安の女流文化は豊かになったのではないか。

『古今和歌集』にも収められる伊勢の歌に、

「わたつ海と荒れにし床を今さらに払はば袖や泡と消えなむ」

というものがあります。

夜離れが続く男。今さらよりを戻そうと言われても、涙で海のように荒れた寝床を払ったりしたら、袖が泡となるだけ。……といった意味です。

この歌の相手は藤原仲平とされていますが、自分を振った元彼からのアプローチに対し、悲しみを滲ませつつもきっぱりと拒絶するこの見事な手法は、やはり様々な男女の機微を知っているが故でしょう。平安時代、それは性の豊かさが芸の豊かさに通じていた時代なのです。

5『源氏物語』誕生の背景は

――中宮彰子、紫式部

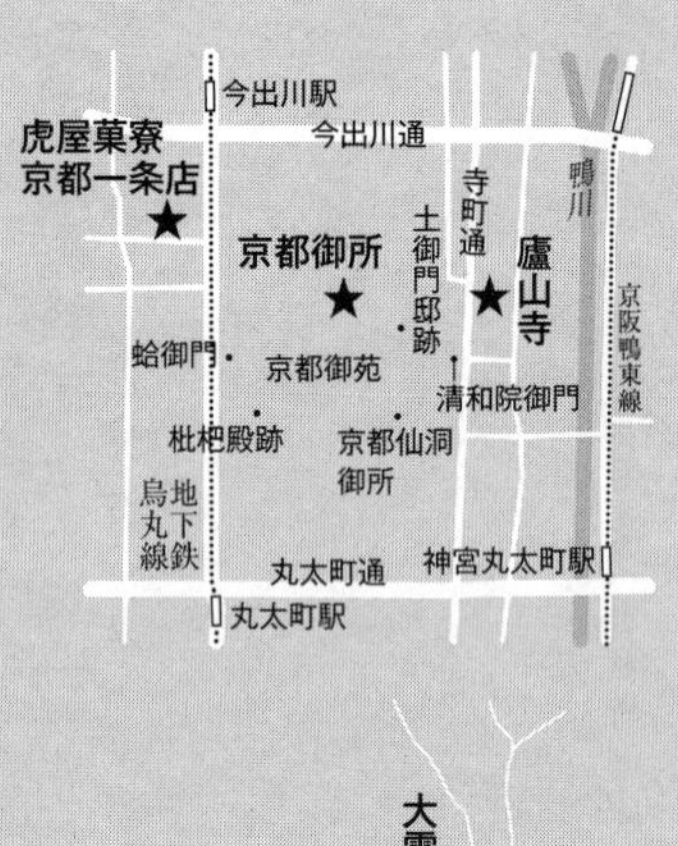
今出川駅
今出川通
虎屋菓寮
京都一条店
京都御所
寺町通
土御門邸跡
廬山寺
鴨川
京阪鴨東線
蛤御門
京都御苑
清和院御門
枇杷殿跡
京都仙洞御所
烏丸線
地下鉄
丸太町通
神宮丸太町駅
丸太町駅

大雲寺
北山病院
岩倉具視幽棲旧宅
岩倉駅
叡電鞍馬線

藤原北家 系図

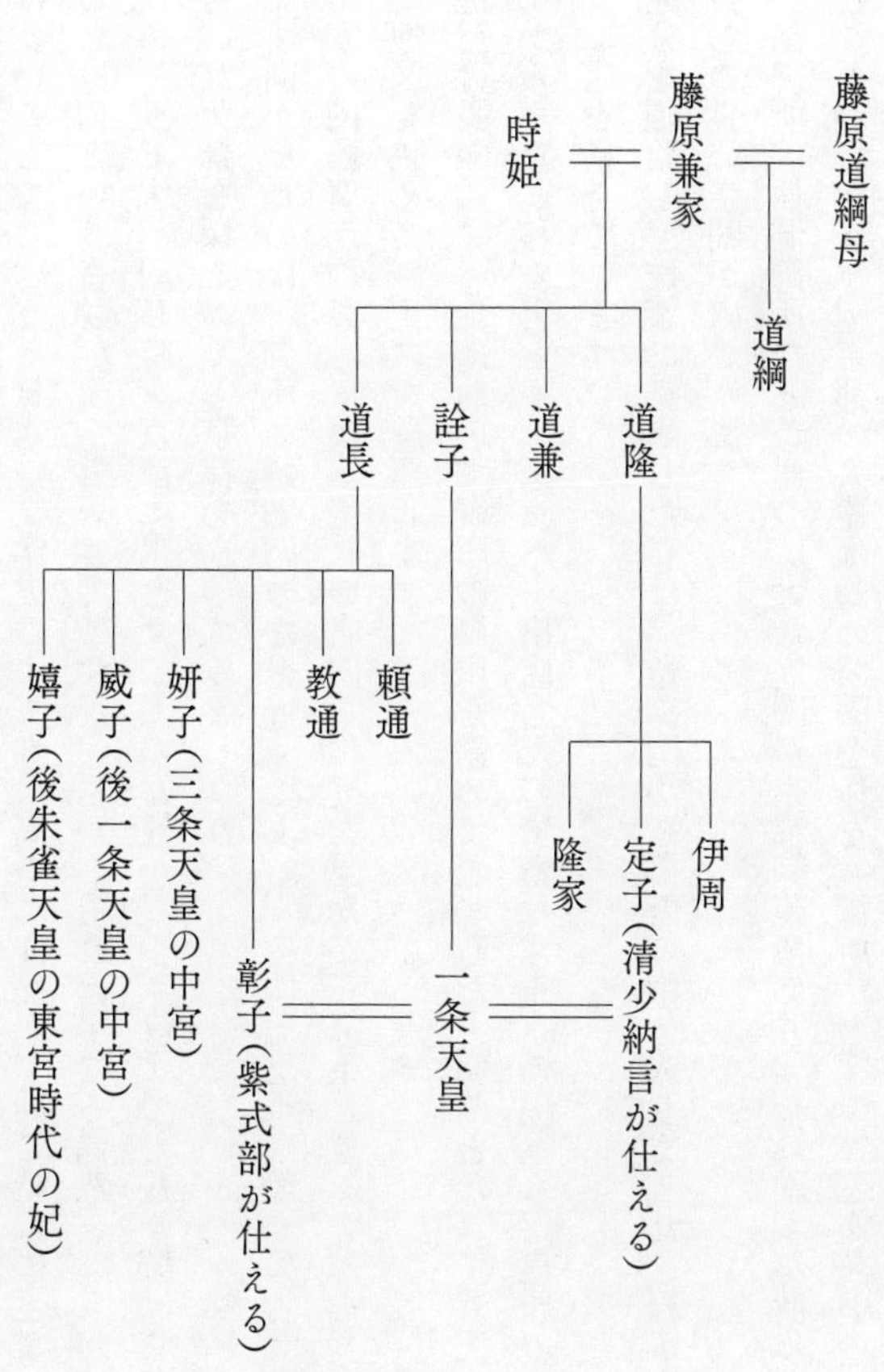
藤原道綱母
道綱
藤原兼家
時姫
道隆
道兼
詮子
道長
伊周
定子（清少納言が仕える）
隆家
一条天皇
頼通
教通
彰子（紫式部が仕える）
妍子（三条天皇の中宮）
威子（後一条天皇の中宮）
嬉子（後朱雀天皇の東宮時代の妃）

平安時代と聞いて、紫式部の『源氏物語』や清少納言の『枕草子』を思い浮かべる人は多いことでしょう。日本の文学史の中でも最高の二作品が、同じ時代に生まれているとは何という奇跡。……と思うのですが、しかしそれは単なる偶然というわけではなさそうです。同じ時を京都に生きた二人の女性が、千年後までも残り続ける名作を書いた背景を探るべく、京都を巡ってみましょう。

まず向かったのは、御所（ごしょ）の蛤御門（はまぐりごもん）のほど近くにある、「虎屋菓寮 京都一条店」です。建築家の内藤廣氏の設計による美しい店内で、庭を見ながら抹茶ときんとんを食しつつ、地図を眺めてコースを確認します。

虎屋は長年、この地において御所の御用を勤めてきました。明治となって、天皇が京都から東京に移るとともに東京へも出店したのであり、東京の虎屋も、皇居のほど近くに店を構えています。

糖分を補給し、抹茶で覚醒した私は、蛤御門から御所の中へ入りました。緑が多く、気持ちの良い空間が広がります。

京都御所、仙洞（せんとう）御所などが建つ広大な庭園が京都御苑であり、今は誰もが散歩を楽しむことができます。京都の人達はこの公園全体を「御所」と呼ぶことが多いので、本書でもその呼び名を使うことにいたしましょう。

御所は、京都の中で私が最も好きな場所の一つです。混雑している名所に行かずとも、春は桜、夏はサルスベリ、秋は紅葉……と、季節毎に美しい自然をのんびり堪能できるのであり、足を踏み入れる度に「御所は裏切らない」と、私は胸の中でつぶやくのでした。

江戸時代まではこの地が天皇の在所であったわけですが、平安時代に天皇がいたのは、別の場所。この地が御所となったのは、南北朝統一の頃、十四世紀末とされています。

平安時代、内裏と平安宮は、現在の御所よりも一・七キロほど西に位置していました。そんなわけで今、京都の中心を南北に貫いている烏丸通が平安時代の朱雀大路であったかというと、そうではありません。以前も記しましたが、現在の千本通が、ほぼ朱雀大路に重なるのです。

南を向いて内裏に座す天皇から見て、右が右京、左が左京であった平安京。しかし平安時代の右京は、川が氾濫しやすい湿地でした。次第に右京は衰退し、現在の京都市街地である左京側が、発展していくことになります。

かつての平安宮跡は後で訪ねることにして、まずは蛤御門から御所に入ってすぐ右側にある、枇杷殿跡に向かいます。梅林の中に、説明板を発見しました。

枇杷殿は、当時名邸として知られていた藤原氏の邸宅です。一条天皇とその中宮である彰子も、里内裏としてこの邸宅を利用しました。彰子に仕える女房であった紫式部も、行動を共にしていたことでしょう。

里内裏とは、何らかの理由で平安宮の内裏が使用できない時、天皇の在所として使用された場所のこと。火事が頻発した平安京では、天皇はしばしば里内裏生活をしているのです。その時に使用されがちだったのは、妻の実家関係の邸宅でした。

当時、有力者達は自分の娘を天皇と結婚させるべく、やっきになっていました。自分の娘が生んだ子供が天皇になれば、自身は天皇の外戚として強い権力を握ることができるという、それは外戚政治の時代。現代に置き換えてみるなら、たとえば、雅子さまの実家である小和田家と、紀子さまの実家の川嶋家が権力争いをして、男の子を得た川嶋家がイニシアチブを握る、というような事象が見られたのです。

当時、天皇と娘を次々と結婚させていたのは、藤原氏でした。中でも一条天皇の中宮であった彰子の父・藤原道長は、その権力を盤石なものにしようとしていたのです。

道長は、摂政、関白を務めた藤原兼家の息子ではあるものの、その五男でしかなく、当初父の座を継いだのは、長男の道隆でした。一条天皇には、すでに道隆の娘である定子が中宮として入内しており、二人はたいそう仲の良い夫婦だったのです。

しかし道長は、二人の間に、まだ十二歳と幼い自分の娘・彰子をねじ込むことに成功します。定子と彰子は従姉妹（いとこ）同士なのに、一人の男性を取り合うの？……と、今を生きる者としては驚きますが、一夫多妻制の当時、その手のことは特に珍しくはありません。とはいえ、天皇が正妻格の女性を二人持つということは、異例でした。

なぜ道長はそのような無茶をしたのかといえば、定子の父であり、自身の兄である道隆が他界したせい。定子と一条天皇の間に男の子が生まれればやがてその子が天皇となり、道隆が摂政となって世を支配する……はずでしたが、道隆は定子が男の子を出産する前年に、四十二歳で死去してしまったのです。

その時、道長は「きた！」と思ったでしょう。定子に後ろ盾がいなくなり、自身に追い風が吹いたことを感じた彼は、彰子を一条天皇に入内させます。結果、定子が皇后、彰子が中宮という二人の妃が立つ事態に。

定子と彰子は、一条天皇を挟んでライバル関係となってしまいます。天皇の妻は、たとえ男の子を産んでも、力を持った父や兄といった後ろ盾がいなければ、その子を皇位につけることができません。彰子という持ちゴマを使い、道長は勝負に出ました。

後ろ盾をなくしたとはいえ、定子というライバルがいる中で一条天皇を彰子に惹きつけるには、彰子を魅力的な人物に仕立てる必要があります。父親の経済力や政治力も武器となるアイテムの一つですが、本人の美貌や身体の相性といった問題もありましょう。さらには、本人の周囲を常に良いムードにしておいて、天皇に「あちらに行きたい」と思わせる必要もありました。

そのために存在していたのが、女房という女性達です。女房は、料理や掃除をするためにいるのではありません。その手の役割を果たす人は他にいるのであり、女房達は女主人の話し相手や遊び相手となったり、やってきた殿方達とやりとりをしたりと、女主人が中心となるサロンの雰囲気を形成する役割を担っていました。

大斎院と呼ばれた選子のサロンが、たいそう優雅で素敵な雰囲気であることに紫式部が嫉妬していたことについては、以前もご紹介しました。どのような女房をチョイスするかで、サロンの雰囲気は決まったのです。

紫式部は、彰子サロンの教養・文芸担当のエースとして、道長からスカウトされたようです。他にもこのサロンには、和泉式部や赤染衛門といった、才能豊かな女房達が所属していました。

一方、ライバルである定子サロンには、教養・文芸担当のエースとして、清少納言が存在していました。すなわち二人は、主人同士がライバルであるからこそ自分達もライバルという、因縁の関係にあったのです。

先に書かれていた『枕草子』を読んだであろう紫式部は、清少納言のことが大嫌いでした。自身の日記には「清少納言のような自己顕示欲の強い女には、ろくな末路は待っていやしない」などと、激烈な悪口を書いているのです。

紫式部はきっと、「絶対に、あんなチャラい随筆よりも面白いものを書いてやるわ！」という燃えるような気合いを、『源氏物語』に注入したのではないか。さらに言うなら、先に評判になっていた『枕草子』にジェラシーと怒りを感じたことが、『源氏物語』の執筆動機の一つではあるまいか。

……などと枇杷殿跡で考えていたら、

「キェーイ！」

という奇声で、妄想は断ち切られました。何事？　と視線を上げれば、枇杷殿跡のすぐ前にある皇宮警察の施設から、その声が聞こえてきます。

「済寧館（さいねいかん）」との額がかかったその建物は、武道練習場である模様。奇声は、剣道の稽古における掛け声だったのです。平安時代もきっと、里内裏をお守りする役目の人達が、この辺りにたむろしていたに違いありません。

我に返った私は、枇杷殿跡から御所内を東に向かいました。蛤御門を背にして清和（せいわ）

院御門に向かえば、門の手前の左側にあったのが、そこが土御門第（土御門殿ともいう）の跡地であることを示す説明板。この土御門殿こそが彰子の実家、すなわち道長の邸宅です。土御門殿を中心として、後に京都御所はつくられました。

今は草木が茂る地となっていますが、道長の時代は、ここが権力の中心地。『紫式部日記』の冒頭は、

「秋のけはひ入り立つままに、土御門殿のありさま、いはむかたなくをかし」

と、土御門殿の賞賛から始まるのです。

『紫式部日記』は、土御門殿において、彰子が第一子を出産する前後の記述から始まっています。彰子は十二歳で入内後、なかなか子供に恵まれませんでしたが、二十一歳でようやく第一子を出産。生まれたのは男の子であったため（後の後一条天皇）、道長の喜びようは、ひとかたではありませんでした。その後、一条天皇は土御門殿に行幸していますし、皇子誕生を祝う行事も、ここで行われています。

彰子は藤原道長の長女ですが、その後、道長の次女の妍子は三条天皇の中宮となり、三女の威子は後一条天皇の中宮となります。後一条天皇は彰子の息子、ということは威子は甥っ子と結婚したの？　と驚く方もいましょうが、その程度の近親婚は、やはり当時においては驚くことではありません。

道長からすると、一時は長女が太皇太后、次女が皇太后、三女が中宮という状態もあって、その時に道長が詠(よ)んだのが、

「この世をば我が世とぞ思ふ望月(もちづき)の欠けたることもなしと思へば」

という有名な歌。この歌を詠んだのも、土御門殿においてであったようであり、その時に眺めた望月は、さぞかし美しかったことでしょう。

紫式部が『源氏物語』を書いたのも、おそらくはこの地。当時、紙は貴重品です。紙をふんだんに使うことができる人、すなわち経済力を持つ人の身近にいなくては、長大な物語を書くことは不可能でした。紫式部が道長の娘に仕えていたからこそ、『源氏物語』は成立し得たのです。

土御門殿の周辺は、道長地帯と言うことができる場所です。清和院御門から寺町通に出た辺りは、道長が建てた法成寺(ほうじょうじ)がかつてあった場所。

法成寺の敷地は広大であり、彰子は四十三歳の時、その北東の地に東北院(とうほくいん)という寺を建てています。二十四歳の時に夫・一条天皇に先立たれた彰子は、三十九歳で出家し、上東門院と称していました。中宮が出家するのは二例目であり、彰子は篤い信仰を持つ人だったのです。

東北院の跡地が、今は別のお寺になっているというので、寺町通を北上してみまし

た。門から中を覗くと、立派なお堂などがあるのですが、なぜか境内には大量の車が停まっています。よく見ると、門には「月極駐車場　空有」との表示が。今は経営の厳しいお寺が多いと言いますが、その実例をまざまざと見たような気持ちになったことでした。

ほど近くには、紫式部が生まれた地とされる廬山寺が。紫の桔梗が咲いているのが、それらしい雰囲気です。

彰子の出産祝いが土御門殿で行われた時、エリート貴族の藤原公任が、

「あなかしこ、このわたりに若紫やさぶらふ」

と、つまりは「この辺りに、『若紫』さんはいますかね？」と、声をかけてきたことが、『紫式部日記』には書かれています。若紫とは、『源氏物語』に、光源氏の最愛の人として登場する紫の上の、幼い頃の呼び名。公任が『源氏物語』を読んでいたからこそのお戯れだったという、これはさりげないアピールが込められた逸話です。

源氏は十代の頃、自身の病気の療養のために山に籠っていた時に遭遇した美少女・若紫を、さらうように連れてきてしまいました。その遭遇の地のモデルとなったと言われるのが、岩倉の大雲寺。出町柳駅まで歩き、叡電こと叡山電車に乗って、岩倉ま

で行ってみます。

岩倉は、京都盆地の北のはずれ。駅から山の方まで行くと、都心よりも少し気温が低く感じられます。紫式部の曽祖父が建てたという大雲寺は、当時は格式の高い寺でしたが、現在はだいぶその規模を縮小しているようでした。都の喧騒から離れた緑の地であり、源氏が療養に来るのもわかる、という感じ。

大雲寺の辺りを歩いていると、山肌から二筋の水が流れ出ているところに、「不動の滝」との案内がありました。古来この滝では、心の病の治癒を願って加持祈禱にやってきた人々が、水垢離をしていたのだそう。その人達の滞在を引き受けた籠屋が現在の北山病院へと発展した、という説明を読んでふと目をやると、奥には、病院の建物が。いつの間にやら私は、病院の敷地内に入っていたのです。

幸いにも北山病院の方にお話をうかがうことができたのですが、平安後期の後三条天皇の佳子内親王が心を病んだ時に大雲寺に参籠し、井戸の水を飲んでいるうちに治癒した、という話がこの地には残っており、以降も、精神を病んだ貴顕の人々の治療の場となっていたのだそう。その伝統は長く続き、第二次世界大戦前までは、患者さんを預かる保養所が存在していました。そしてその保養所が戦後、病院になったということなのです。

京都盆地のどんつきの、緑に包まれた地において、私は京都の奥深さにも包まれた気持ちになったことでした。岩倉は、京都の精神医療の中心地であるそうですが、そのいわれが平安時代の歴史に繋がっているとは、と。

辺りには、患者さんがのんびりと散歩する姿も、見受けられました。確かにこの地には、癒しの空気が満ちているよう。きっと紫式部もそれを感じたからこそ、ここで源氏が療養している時に美少女と出会う、との設定を思いついたのではないでしょうか。

都の中心には内裏や権力者の邸があり、都の周縁には、中心から外れた人々を受け入れるシステムが機能する。京都のそんな重層性は、平安時代より延々と、受け継がれているのです。

6『枕草子』の裏にある悲劇——皇后定子、清少納言

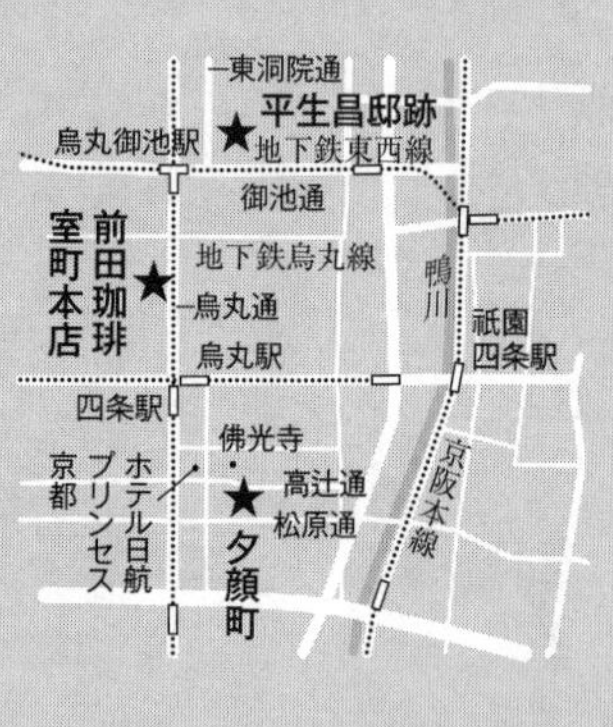
東洞院通
平生昌邸跡
烏丸御池駅
地下鉄東西線
御池通
前田珈琲室町本店
地下鉄烏丸線
烏丸通
鴨川
祇園四条駅
烏丸駅
四条駅
佛光寺
京都
ホテル日航プリンセス
高辻通
松原通
京阪本線
夕顔町

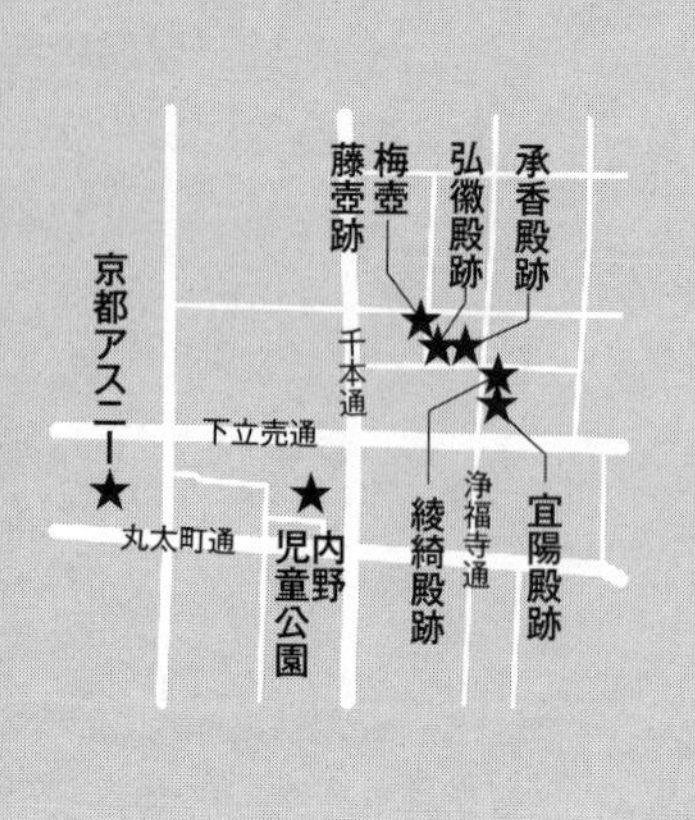
藤壺跡
梅壺
弘徽殿跡
承香殿跡
京都アスニー
千本通
下立売通
丸太町通
内野児童公園
綾綺殿跡
浄福寺通
宣陽殿跡

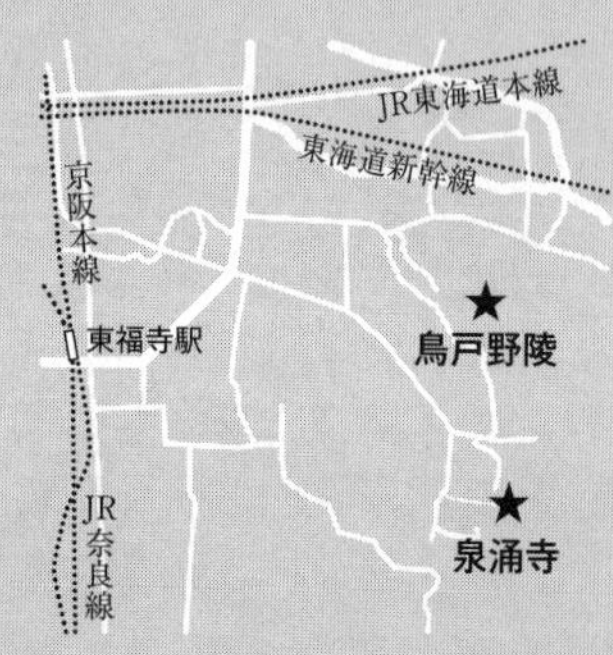
JR東海道本線
東海道新幹線
京阪本線
東福寺駅
鳥戸野陵
JR奈良線
泉涌寺

若かりし頃の光源氏が、若紫を「発見」した場所のモデルは岩倉の大雲寺、という説があることを、前章でご紹介しました。『源氏物語』はその名の通り「物語」つまりフィクションではありますが、その舞台を「ここで源氏が……」と、往時を想像しながら歩いてみるのも、楽しいものです。

たとえば下京区には、夕顔町という地があります。『源氏物語』には、源氏から寵愛を受けたせいで六条御息所から嫉妬され、その生霊にとり殺されてしまう夕顔という悲劇のヒロインが登場しますが、彼女が住んでいたのはこの辺かもね、というのが夕顔町。

五条の辺りに住んでいた乳母のお見舞いに源氏が訪れた時、たまたま隣に住んでいたのが、色っぽいシングルマザーの夕顔です。当時、五条の辺りは庶民の家が雑然と並ぶ場末の地だったようですが、夕顔が咲く隣家の様子が源氏は気になって、やがてその家の女主人と関係を持つのでした。天皇の息子というお坊ちゃまである源氏は、「こんな場末に美女がひっそりと」というストーリー性にグッときて、通いつめるのです。

当時は都心から遠い左京の外れだった夕顔町は、今は地下鉄の四条駅からも阪急の京都河原町駅からも歩くことができる便利の良い場所です。四条駅の南側の出口から地上に出たなら、高辻通を東へ。ホテル日航プリンセスや佛光寺を過ぎて細い路地を南に入れば、そこが夕顔町なのでした。

一本の道の両側が町域という、いわゆる「両側町」である夕顔町は、北は高辻通から南は松原通までのわずかな区域です。今の松原通は、平安時代の五条。夏に行くと、各家が夕顔の鉢を置いているのを見ることができるこの町は、今も夕顔という薄幸の女性を静かに記憶しているのです。

ひと気の少ない路地を歩くと、やがて個人のお宅の敷地と思しき場所に、「夕顔之墳」という石碑がありました。安永九年（一七八〇）に刊行された京都の地誌である『都名所図会』には、「夕顔塚は五条のあたり、いまの堺町松原の北にあり。『源氏物語』に書ける夕がほの前、このところに住みけるよしいひ伝へり」と記されています。江戸時代の人が「この辺りに夕顔がいた」ということにして建てた五輪塔が夕顔塚で、それは今もこの民家の中庭にあるという話なのでした。

夕顔の名がついたマンションも、この路地にはあります。「色っぽい美女が住んでいるマンションの一室には、夜な夜な美青年が通ってきて、そして……」などと想像を膨らませているうちに、松原通まで抜けていました。

さらに『源氏物語』ゆかりの地を訪ねるべく、当時の都心、つまりは平安宮の跡地を訪れてみましょう。平安京の中心を通っていた朱雀大路は現在の千本通と重なるわけですが、平安宮の跡地巡りの基点となるのは、千本通と丸太町通の交差点です。

交差点の北西側の象限にある内野児童公園に、まずは行ってみます。すべり台やブランコがあるごく普通の公園ですが、異彩を放つのは「大極殿遺址」と刻まれた大きな石碑です。天皇の居所である内裏と、官庁街を合わせた地帯が、平安宮すなわち大内裏。官庁街のメインの役所群である朝堂院の正殿が、大極殿です。

千本通周辺は、今は庶民的な町となっており、石碑の背景には、洗濯物がはためいています。しかし千年前は、エリート貴族達が行き来する場所であったことでしょう。

丸太町通を少し西に歩くと、「京都アスニー」があります。中には「京都市平安京創生館」というものがあり、平安京の復元模型などが展示されているのでした。平安宮跡巡りに便利な地図「平安京図会」も、ここで入手。ちなみにこの施設があるのは、千年前は造酒司という役所だった場所であり、内裏に納める酒や酢などを醸造していたということも、この地図を見れば知ることができます。

地図を片手に、千本丸太町の交差点まで戻ってきました。南側には、豊楽院や朝堂院があったのだなぁ、と思いつつ交差点を渡り、浄福寺通を左折して北上すると、その辺りが天皇の居所である内裏の跡地です。『枕草子』や『源氏物語』にもこの辺りはしょっちゅう登場するわけで、そぞろ歩けば古典の中で見覚えのある建物の名が記された案内板が、そこここに。平安宮をオリエンテーリングしているような気持ちになってきます。

たとえば浄福寺通の東側には、「宜陽殿跡」の案内板が。朝廷の宝物が収められていた場所だったようで、『枕草子』や『源氏物語』にも、宜陽殿の御物である琴の名器のことが描かれていました。その並びには、「綾綺殿跡」。ここでは今、カフェ「綾綺殿」が営業しています。

すぐに西へ曲がれば、承香殿や弘徽殿といった、妃達がいた建物の跡地となっています。弘徽殿といえば、源氏の母である桐壺更衣をいびり倒し、また源氏をも目の敵にした、弘徽殿女御が思い出されるところ。

その辺りには町家が立ち並んでおり、一部は流行りの町家ゲストハウスとなっているようでした。それも各棟に、「承香殿　西対」とか「弘徽殿の南邸」など、内裏にちなんだ名前がついているではありませんか。このような宿をベースとして、平安宮の跡地を巡ってみるのも楽しそうです。

さらに歩けば、梅壺と言われた凝華舎、藤壺と言われた飛香舎の跡も。源氏の父である桐壺帝が、桐壺更衣亡き後に「桐壺更衣に似ている」ということで迎えた藤壺は、『源氏物語』のキーパーソン。源氏もまた藤壺に恋い焦がれた結果、父の妻であるにもかかわらず密通し、子まで作ってしまうのですから。

ちなみに紫式部が仕えていた中宮彰子も、藤壺を在所としていました。紫式部にとって藤壺は、ゆかりの深い地と言うことができましょう。

そんな藤壺跡ではありますが、案内板は民家の軒先にあり、その下には巨大な信楽焼のタヌキが、徳利を片手に小首を傾げていました。華やかな王朝絵巻も今は昔、でございます。

前章でもご紹介したように、彰子は一条天皇の中宮でした。しかし彰子よりも先に中宮であった女性がいて、それが彰子の従姉妹である定子。定子の父・藤原道隆は関白、その娘の定子は一条天皇から深く愛され……と、我が世の春といった状態だったのですが、道隆が病で他界したことによって、状況は変わります。道隆の息子・伊周が権力を引き継ぐかと思いきや、道隆の弟の道長が伊周を敵視し、流罪にしてしまう。道長が、権力の掌握に乗り出したのです。

そんな中でも、一条天皇の定子への愛は変わりませんでした。すでに女の子を一人産んでいた定子は、二人目の子供を懐妊します。

当時、貴顕の女性は、実家に戻って出産するのが常でした。しかし定子の実家は火事で焼失。父・道隆は亡くなっており、兄・伊周は失脚となると、再建することもままなりません。仕方なく定子は、平生昌という貴族の家で出産することになります。

生昌は、「中宮職」という、中宮に関する事物を取り仕切る役所の役人でした。さほどのエリートでもない生昌の邸宅にはそこそこの高さの門しかなく、定子付き女房として随行した清少納言が乗った牛車(ぎっしゃ)は通ることができずに歩かされた、といったエピソードが、『枕草子』には記されます。

生昌は備中(びっちゅう)の方言が抜けず、立ち居ふるまいもいちいちダサい。そんな生昌を清少納言が馬鹿にしていた様子が、『枕草子』には面白おかしく書いてあるのです。

しかしこの時の滞在は、決してハッピーなものではありませんでした。おめでたいはずの出産がなぜハッピーではないのかといえば、そこには道長の思惑が絡んできます。

道隆が他界したとはいえ、一条天皇と相思相愛の定子は、道長にとっては邪魔な存在でした。そこで道長は、定子が生昌邸へと移るその日にわざわざ、宇治(うじ)の別荘へと赴きます。「みんなも、一緒に宇治へ来るよね？……ま、定子のお産が気になる者は、残ってもいいけど」ということになったら、貴族達はこぞって宇治に馳せ参じるわけで、定子のお供はごく少数になってしまいます。

のみならず、定子の出産が近づくと道長は、娘の彰子がまだ十二歳だというのに、一条天皇に入内させました。さらに出産当日には、彰子を正式に一条天皇の女御とするのです。その後、彰子を中宮として定子を皇后にしてしまったのは、前章でも書いた通り。道長は徹底的に、産前産後の定子をいびりました。

生昌の屋敷があったのは、現在の地下鉄烏丸御池駅のすぐ近く。平安宮散歩で疲れたので、まずは「前田珈琲」の室町本店で一休みすることにしました。京都は喫茶店が多い地であり、また洒落たカフェもそこここにありますが、私は気取りの無いこのお店が好き。京都らしい鰻の寝床のように奥深いお店の中に入り、地元のおじいさん達が新聞を読みながらコーヒーを飲む姿を横目に、一息つきました。

休憩後、烏丸御池の交差点を北東の象限に渡って御池通を東へと歩を進め、東洞院通を過ぎた辺りの北側一帯が、かつての生昌邸です。第二次世界大戦中に建物の強制疎開が行われたため、御池通は幅の広い道となっています。沿道にはオフィスビルが、少し中に入ればマンションが立ち並んでおり、定子の寂しさを感じさせるものは、何も残っていません。生昌はここで、夜に清少納言のところにしのんで来ようとして失敗し、ますます笑い者になりました。が、彼は定子の兄・伊周を密告によって陥れた人物であることを知れば、そう笑ってもいられません。

この時の滞在で、定子は男児を出産します。彰子が中宮となった後も一条天皇の定子への愛は変わらず、翌年も定子は三人目の子供を懐妊。出産のため、再び生昌邸に滞在することになりました。

この時の様子も、『枕草子』には記されています。時は五月。一条天皇や彰子が、宮中で賑やかに端午の節会を祝っているであろう時、定子は生昌邸で寂しく過ごしていました。権力の流れから外れた定子のところに来るのは、実の妹くらい。定子を元気づけようとする清少納言の姿が、『枕草子』には描かれています。

定子はその後、女の子を出産しました。しかし出産前から体調が良くなかった定子は、出産の翌日に他界。二十四歳の若さで、その人生を終えたのです。

御池通を歩きながら、私は『紫式部日記』を、思い出したことでした。定子の死の八年後に、彰子は実家の土御門殿で男の子を産み、父の道長が手放しで喜ぶ様子が、そこには記されます。赤の他人の家である生昌邸でひっそりと出産してから世を去った定子と、華やかな実家で、皆に祝福される中で出産した彰子。従姉妹同士でありながら、二人の出産の様子は、あまりにも異なるのでした。

定子が二十四歳で亡くなったのに対して、彰子は八十七歳まで生きました。自身が産んだ二人の男の子はそれぞれ後一条天皇、後朱雀天皇となり、国母としての強い存在感を示した生涯でした。

当時としては相当な高齢まで生きた彰子は、子供達にも先立たれるなどして、長く生きる悲しみを味わっています。早く死んでも、長く生きても、それぞれのつらさがあることを、二人の妃は伝えていましょう。
政治のコマとして父から宮中に送られ、定子を追いおとすこととなった彰子。しかし彼女自身は決して、嫌な女ではありませんでした。従姉である定子のことをどこかで思いつつ、彰子はその長い人生を過ごしていた気がしてなりません。

今回の旅の最後は、定子の御陵を訪れてみたいと思います。定子が眠るのは、鳥戸野陵。京都盆地東部の鳥辺野は、平安時代から葬送の地となっています。今もなお近辺には、斎場や広大な霊園を見ることができるのでした。

鳥戸野陵へ行くには、泉涌寺経由が良いようです。JR奈良線、または京阪本線の東福寺駅で下車したなら、しばし歩いて泉涌寺へ。

泉涌寺と聞いて記憶に新しいのは、このたび即位された天皇ご夫妻が、泉涌寺内にある孝明天皇（明治天皇の父）の御陵に即位の報告に行かれた、というニュースでしょう。泉涌寺は皇室との関係が深い寺であり、近辺には天皇や皇族の御陵も多く存在しているのです。

定子が眠る鳥戸野陵も、泉涌寺から歩いて行くことができます。人っ子一人いない林の中の細い道を歩いていると、「鳥戸野陵参道」との石柱を発見。そこから、石畳の階段が続きます。石が凸凹しているから注意するように、との宮内庁による注意書きが出ていたので、踏みしめながら上ること約五分で、御陵に到着しました。

石畳の突き当たりに柵と鳥居があって、その先には木々の緑、というスタイルは、他の御陵と同じです。しかし今まで『枕草子』を読む中で、定子にシンパシイを抱き続けてきた私は、「やっと来ることができた」との思いを抱いておりました。後ろを振り返れば、木々の間からは京都タワーの姿が。定子は、変わりゆく京の姿を、ここからずっと見守り続けていたのでしょうか。

御陵に手を合わせた後は、再び泉涌寺へ。泉涌寺は、清少納言ともゆかりのあるお寺です。彼女の父である清原元輔（きよはらのもとすけ）の山荘があったということで、清少納言はその晩年をこの辺りで過ごしたという説があるのです。

そんな縁から、境内には清少納言の歌碑が建っています。この歌碑を見ると、私は少しほっとするような気持ちになるのでした。主人である定子のことが大好きだった清少納言が、今も定子の近くで支え続けているような気がしてくるから。

気の利いた話術で男性貴族をも唸（うな）らせたり、冗談を言って皆を笑わせる清少納言と、そんな清少納言をおっとりと微笑（ほほえ）みながら眺める、定子。気高く澄んだ空気が流れる泉涌寺境内を歩いていると、そんな二人の姿が、目に浮かぶような気がするのでした。

7 受領の娘達は、なぜ書くのか——藤原道綱母、和泉式部、菅原孝標女

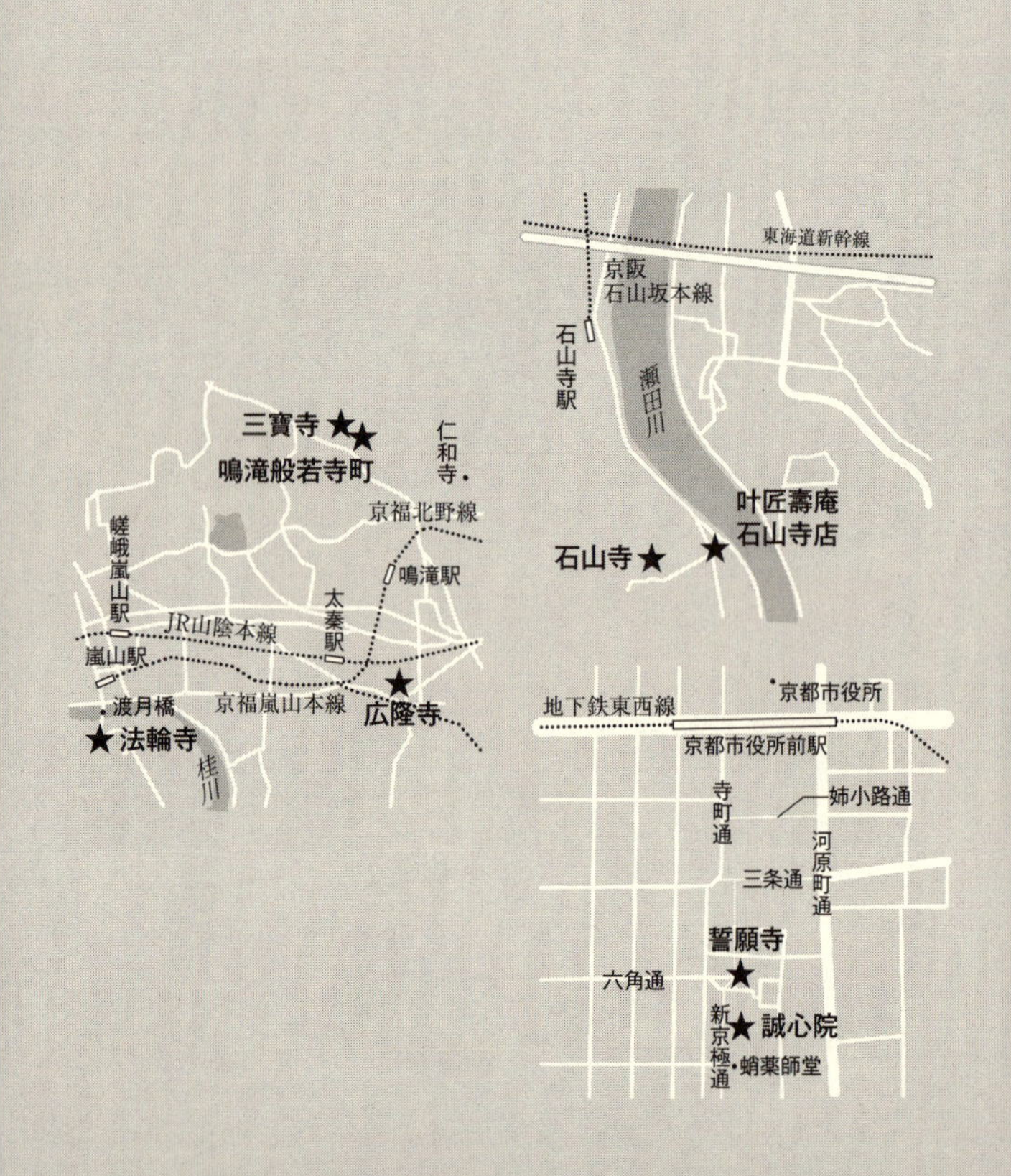
東海道新幹線
京阪
石山坂本線
石山寺駅
瀬田川
叶匠壽庵
石山寺店
石山寺
三寶寺
鳴滝般若寺町
仁和寺
京福北野線
嵯峨嵐山駅
鳴滝駅
JR山陰本線
太秦駅
嵐山駅
渡月橋
京福嵐山本線
広隆寺
法輪寺
桂川
地下鉄東西線
京都市役所
京都市役所前駅
寺町通
姉小路通
河原町通
三条通
誓願寺
六角通
新京極通
誠心院
蛸薬師堂

清少納言と紫式部以外にも、平安時代には印象的な女性の書き手達が存在しています。今回は『蜻蛉日記』の藤原道綱母、和歌界のスター・和泉式部、『更級日記』を書いた菅原孝標女、以上三人ゆかりの場所を、巡ってみましょう。

例によって、天皇の娘や妻でもない限り、女性の名前は後世に伝わっていません。だからこそ、『蜻蛉日記』作者であれば「道綱くんママ」、『更級日記』作者であれば「孝標さんの娘」と言われているのです。和泉式部は、最初の夫が和泉国の受領であったことからつけられた呼び名。

彼女達は、「受領の娘」という共通点を持っています。受領とは、地方長官的な立場。経済的には潤うものの、貴族の世界ではさほど高い地位ではありませんでした。受領の娘は、すなわちB級お嬢様的な立場だったのですが、しかしそのB級感こそ、彼女達が書かずにいられなかった理由ではないかと私は思います。女房として出仕するにしても、玉の輿を狙うにしても、A級のお嬢様とは違って、常に焦燥感を抱いていたであろう、受領の娘達。だからこそ彼女達は、自らの胸や腹にたまったものを、かな文字の力を借りて吐き出したのではないか。

三人のうち最も早く生まれたのは、「道綱くんママ」です。彼女は藤原倫寧という受領の娘なのですが、たいそうな美貌の持ち主であったため、時の有力な一族の息子である藤原兼家と結婚し、玉の輿人生に進みました。

藤原兼家といえば、あの道長のお父さん。……である以前に、父は右大臣できょうだい達も出世街道を歩むというセレブ一家のお坊ちゃまであり、当然、色好みです。道綱母と結婚した時にはすでに正妻格の時姫（この人が道長のお母さん）がいましたし、他にも色々と女の影が見え隠れするのでした。

道綱母の不幸は、モテて当たり前の男と結婚したのに、嫉妬を抑えられないというその性質にありました。『蜻蛉日記』は嫉妬の記録と言ってもいいでしょう。

道綱母は、結婚直後から兼家の夜離れに悩み、事ある毎に寺に籠って現実逃避しています。そんな彼女が三十代半ばとなった頃も、夫に女の影が見えることに悩んで石山寺に参籠したことが『蜻蛉日記』に綴られていますので、まずはそちらに向かってみましょう。

石山寺は、今の滋賀県大津市にあります。京都駅からJRの新快速に乗れば、十数分で石山駅に到着し、そこからはバスでお寺へ。

もちろん当時は、京都から逢坂山を越えて行かなくてはならなかったわけで、道綱母はへとへとになって石山寺に到着するのです。

石山寺は、名前の通り石の山に建っています。東大門を入って石段を上っていけば、巨大な硅灰石の眺めが。

石山寺は、女性の参籠先として人気のお寺であり、平安女性文学界のスター達の多くは、この地に来ています。紫式部はここで『源氏物語』を発案したという説もあり、本堂の一角には、まるで受付嬢かのように、紫式部の等身大（？）人形が佇んでいました。

当時のお寺は、宗教施設であると同時にレジャーランドのような役割も果たしたようですが、しかしここに籠った道綱母は、夫の女性問題が頭から離れず、ずっと泣いています。私が訪れた時も、石山寺は雨。参籠中に性夢のようなものまで見た道綱母の満たされない気持ちが、迫ってくるかのようでした。

お参りを済ませて下山すると、大津が発祥の地である「叶匠壽庵」の茶店が目に入り、つい吸い寄せられてしまいました。名物の石餅を呼ばれれば、白いお餅と蓬のお餅をねじり合わせたものに、つぶあんがたっぷりのっていて美味しい。どんより気分の道綱母にも食べさせてあげたかった、と思いつつ、ぺろりと平らげます。

道綱母のどんより気分は、石山寺から戻った後も、続きました。夫からは、彼女の家の前をわざわざ素通りして他の女のところに行くといった仕打ちを受け、その女と結婚したという噂も、入ってきたではありませんか。とうとう彼女は、

「長精進しますから、一緒に来なさい」

と十七歳になった息子・道綱をひきつれ、突発的に西山の般若寺に家出してしまうのです。兼家に対する「私のことをもっと見て！　もっと愛して！」という叫びが聞こえてきそうなその現場を、訪ねてみましょう。

京都市右京区に、鳴滝般若寺町はあります。が、般若寺は明治初期に廃寺となっており、残っているのは町名のみ。仁和寺から周山街道を一キロ少々北西方面に行ったところに、般若寺町はありました。

付近には比較的新しいアパートや住宅が多く、郊外の新興住宅地といった眺めです。京都盆地が西山と接する辺りですから、すぐ目の前には小高い山々が。その中の白砂山に、般若寺はあったようです。

江戸期の『都名所図会』には、「鳴滝」の部分に、般若寺と並んで三宝寺というお寺の姿が描かれています。三寶寺は今も存在していたので、雰囲気を味わうべくお邪魔してみることに。坂道を上って到着した辺りからは、京都盆地を見渡すことができました。道綱母もまた、この景色を眺めたのかもしれません。

般若寺は、道綱母の父親と縁のある寺であったようで、彼女にとっては馴染み深い地。泊瀬（長谷寺）や石山寺ほどは遠くないので、思い立ってすぐ家出するにはちょうど良い距離だったのではないか。

とはいえ、都心からそう遠くないことが、息子の道綱にとっては災難でした。兼家へのメッセンジャーとして、彼はしょっちゅう都心との往復を要求されます。食べ盛りの身であるのにお寺の質素な食事しか摂っていないため、次第に痩せてきてしまう始末。

道綱母にとって道綱は、夫の愛を信じることができない日々の中では、唯一頼みにできる相手でした。彼女の思いは、一人息子である道綱に集中し、母子密着状態に。

道綱母がこのような行動をとったのは月経前症候群すなわちPMSのせい、との説を立てておられるのは、国文学の泰斗である故角田文衞博士です。確かに道綱母は、般若寺に籠って数日後に生理になり、そうなると寺にはいられないので、山の下にある民家に生理が終わるまで滞在して、また寺に戻っています。生理前のモヤモヤが彼女を家出に駆り立てたというのも、納得のゆくところ。

兼家の説得の結果、結局彼女は三週間ほどで家出を終えることとなりました。生理も終わって、「ま、いいか……」という気持ちになったのかもしれません。

私も山から下り、次の目的地に向けて、てくてくと歩いてみました。きっと道綱もこのように歩いていたのでしょうが、メッセンジャーとして下山するのは、さほど嫌ではなかったのかも。気分のアップダウンの激しいママと山寺でずっと顔を合わせているのは、いくらママっ子男子・道綱とはいえ辛かろう。下山は、彼にとって良い息抜きになったに違いありません。

やり場の無い思いと対峙した結果、『蜻蛉日記』という作品を生んだ道綱母。一方、和泉式部は感情を吐露する手段として、和歌を選びました。

道綱母より四十年ほど後に生まれたとされる彼女もまた、大江雅致という受領の娘です。二十歳前後で、やはり受領階級の男性と結婚するものの、そこに新しい男性が登場します。その相手とは、冷泉天皇の息子である、為尊親王という色好みのお坊ちゃま。評判の歌よみである和泉式部に為尊親王は惹かれ、和泉式部も親王に走って、夫と別れてしまうのでした。

為尊親王は若くして亡くなるのですが、すると今度はその弟である敦道親王からも言い寄られ、身をまかせる和泉式部。異性に対する興味には素直に従う、恋多き女でした。

その和泉式部が、道命という僧とも関係を持っていたという話が、『宇治拾遺物語』にはあります。ちなみに道命は、藤原道綱の息子。すなわち『蜻蛉日記』作者の孫なのです。

道命は、読経の名手でした。和泉式部のところに忍んで行った夜半に法華経を読んでいると、翁の姿をした道祖神が現れて、「忘れられないお経を聞きました」と有り難がった、と『宇治拾遺物語』にはあります。

普段、道命が身を清めて読経している時は高位の神仏達が聞いているため道祖神が聞くことは叶わないが、その日は和泉式部を抱いた後にそのまま読んでいたので、自分のような下っ端も聞く余地があった、ということではありませんか。

さすが色好みの兼家と、たぎる思いを抱く道綱母の血を両方受け継ぐ孫、という感じの逸話ですが、その道命が住んでいたのが、嵐山の法輪寺です。私は法輪寺に向かうべく、般若寺町から歩いて南下し、鳴滝駅へ。嵐電に乗って、終点の嵐山駅で下車しました。

嵐電の嵐山駅近辺から渡月橋にかけては、いつも混雑しているザ・観光地。ほとんど北京かのように中国語がとびかっていますが、渡月橋を渡ると、驚くほど静かになります。

渡月橋を渡った桂川の南岸、嵐山の山裾に、法輪寺はたたずんでいました。八世紀に建立されたという古刹のアプローチは広々とした石段で、観光客達の喧騒が嘘のよう。お堂まで上って舞台へ出ると、対岸の風景を見渡すことができます。

どうやら和泉式部は、法輪寺へ来たこともある模様です。もしかすると道命と、ここでもあんなことやこんなことを……といった妄想が膨らんできました。

このように和泉式部という女性は、人の想像を刺激してやまない存在なのでした。和泉式部に関係した伝説を持つ地は、小野小町伝説と同様、全国に存在しています。京都においても、たとえば新京極通に並ぶ誓願寺と誠心院は、共に和泉式部との深い関係を伝えるお寺。柳田国男は『女性と民間伝承』の中で、各地に広がる和泉式部伝説について述べていますが、おそらくは女性芸能者達が伝えていったのであろう和泉式部の恋の物語が、それだけ全国の人々の心を捉えた、ということなのでしょう。

その人生も和歌も、滴るように色っぽい和泉式部に比べると、菅原孝標女は、想像の世界で生きる、今で言うならおたく気質の人というイメージがあります。

彼女もまた受領の娘であり、父の赴任先である上総国すなわち今の千葉から帰京するところから、『更級日記』は始まっています。少女であった彼女は、物語が大好きなのですが、地方にいると、読みたいものを読むことなどできません。物語読みたさのあまり、等身大の薬師仏を作り、

「どうか一刻でも早く京に上り、ありったけの物語を私に読ませてください！」

と祈るほどでした。

平安時代の地方は、現代における海外よりもずっと遠く感じられる場所だったようです。都とは全く異なる世界を知っていたこと、そして地方から都を見る視線を得たことも、受領の娘達が「書く」ようになった理由の一つかもしれません。

十歳からの三年間を上総国で過ごした後に京に戻った孝標女は、さっそく物語にありつきます。幼い頃から親しんでいた乳母が疫病で亡くなってしまった時は、物語も読みたくなくなるほど落ち込んでいたのが、母から『源氏物語』の一部を渡されると、途端に元気を回復したりもするのです。

そんな時、親が太秦の広隆寺に参籠するということで、ついて行った孝標女。広隆寺で彼女は何を祈ったのか……。ということで、私は法輪寺を後にして、今度はJRの嵯峨嵐山駅から嵯峨野線に乗車し、隣の太秦駅で下車。広隆寺まで歩きました。

広隆寺は七世紀初頭に建立された、京都でも最も古いお寺の一つです。嵐電が路面を走る三条通に面した立派な楼門から広々とした境内に入ると、その伽藍の配置がどことなく大陸風な感じがするのは、渡来系の一族である秦氏と関係の深い寺だからなのか。

このお寺には、弥勒菩薩半跏思惟像をはじめとして、国宝や重要文化財の仏像が数多く保存されています。薄暗い霊宝殿で仏像を拝観していると、自分の存在が消え、外の世界も消え、いつの時代にいるのかよくわからなくなってきました。

右足を左足にかけ、右手で頬に触れてもの思う弥勒菩薩像は、飛鳥時代の仏像なのだそう。ということは孝標女も、参籠中に目にしたことでしょう。しかし彼女がこれらの仏像を前に何を願ったのかというと、来世の成仏についてなどではなく、「『源氏物語』を最初の巻から最後まで、全部読ませてください!」ということでした。

するとどうでしょう。参籠を終えてしばらくすると、田舎からやってきたおばさんが、「欲しがっていたものをあげるわね」と、『源氏物語』全巻、のみならず他の物語の数々も、持ってきてくれたではありませんか。祈りの効果が早速、あらわれたのです。

天にものぼる気持ちで、孝標女は『源氏物語』に没頭します。その耽溺ぶりは「后の位も何にかはせむ」、つまりお妃の位すら「なんぼのものじゃ」というほど。

孝標女はこのように、自分が恋愛を楽しむよりも、物語の中で想像力を縦横に膨らませるタイプなのでした。日本と唐とを舞台とし、輪廻転生も絡んだ壮大なラブロマンス『浜松中納言物語』は、孝標女の作と言われています。三島由紀夫『豊饒の海』にも影響を与えたこの物語は、まさに物語の中に生きる彼女ならではの作品ではないか。

孝標女は、三十歳すぎまで、結婚もせず働きもせず、親がかりで暮らしています。今風に言うならアラサーのニート。その後、女房として少し働いてみるのですが、そちらもあまり性に合わず、やがて結婚することに。

当時としてもだいぶ遅い結婚でしたが、受領である夫の子を産み、パート気分でたまに女房として働き、時には寺に物詣で……という、平凡ながらまずまず幸せな人生を送ったようです。

しかし彼女はきっと最期まで、自らの中にうごめく想像力を大切にしていた気がしてなりません。『浜松中納言物語』のみならず、もっと多くの物語を書いていたのではないか、いや書いていてほしいと、私は思います。

そんな孝標女は、実は道綱母の姪（めい）っ子なのでした。平安ワールド、実に狭い。彼女は、伯母も籠った石山寺にも、もちろん参籠しています。伯母は参籠中、極めて現実的な問題で悶々（もんもん）としていましたが、きっと姪っ子は石山寺においても、想像力の翼を羽ばたかせていたに違いありません。

いずれにせよお寺は、俗世からの足抜け気分を手軽に味わうことができる場所。そこで泣くにせよ祈るにせよ「しちゃう」にせよ、受領の娘達にとってのお寺は、創作の源泉として、活用されていたのです。

8 院政期に揺れる女人達

——讃岐典侍、待賢門院璋子、美福門院得子

七本松通
交差点
千本丸太町
下立売通
堀川通
鳴海餅本店
丸太町通
京都アスニー
千本通
二条通
堀河天皇
里内裏跡
二条城
JR山陰本線
二条城前駅
地下鉄東西線
二条駅
ホテル ザ ミツイ キョウト

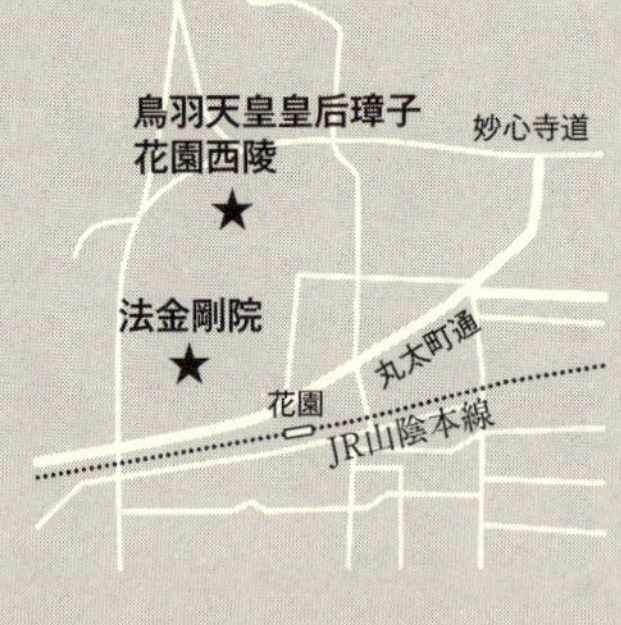
鳥羽天皇皇后璋子
花園西陵
妙心寺道
法金剛院
丸太町通
花園
JR山陰本線

大宮通
竹田駅
鴨川
白河天皇
成菩提院陵
鳥羽天皇
安樂壽院陵
近鉄京都線
鳥羽離宮跡
近衛天皇
安樂壽院南陵

院政期系図

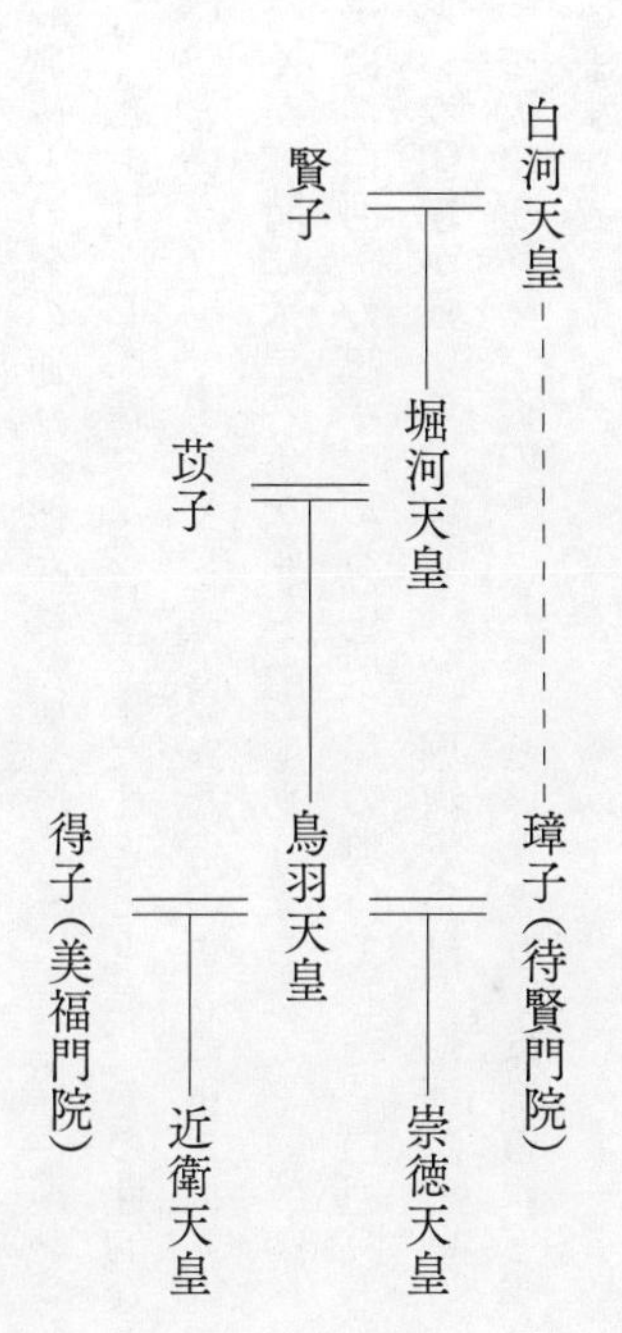

『更級日記』を書いた菅原孝標女は、『蜻蛉日記』を書いた藤原道綱母の姪であったわけですが、時代がさらに下って院政期の初め頃にもう一人、道綱母の血筋の女性が、日記を残しています。讃岐典侍こと藤原長子がその人で、彼女は道綱母の玄孫。彼女の書いた『讃岐典侍日記』もまた、今の世まで読み継がれているのでした。

讃岐典侍との名の通り、彼女は「典侍」という立場にありました。典侍とは、天皇の近くにお仕えして様々な役目を果たすとともに、その性的なお相手をも務めぬでもない、という立場。中宮や女御、更衣などのように正式に入内しているわけではありませんが、時に天皇の子を産むこともありました。

長子は、白河院の息子である堀河天皇の典侍でした。白河院といえば、院政を始めた人という印象が強いことでしょう。堀河天皇は、白河院というアクの強い父を上に戴きつつ天皇を務め、そのストレスのせいかどうかは知らねど、若くして亡くなってしまいます。

藤原家の娘達が天皇家に嫁ぎ続けた、平安時代。その娘が産んだ男子が天皇になると、母方の祖父が摂政・関白となって権力を握る、ということを繰り返していました。しかし白河院が天皇となった頃、摂関家の勢いは、弱まりつつあったようです。

白河天皇の父である後三条院は、白河天皇の後は、その異母弟を帝の位につけるべく、皇太弟としていました。しかし白河天皇としては、異母弟ではなく、自身の息子を、次の天皇にしたい。

……ということで、白河天皇は皇太弟病没の翌年、すぐに息子に譲位し、自身は上皇に。こうして院政は始まったのであり、その時に譲位されたのが、堀河天皇です。

この頃から、婚姻の形態も変化していったようです。平安時代は、女のもとを男が訪ね、時に女の実家で同居するという招婿婚（しょうせいこん）が行われていました。しかしその後は、次第に結婚した夫婦が独立した住居を持つようになっていきます。平安時代のように、妻方の親が孫に対して強い発言権を持つわけではなくなってきたのです。

すなわち、平安時代は「母方が力を持つ時代」であったのが、院政期からは次第に、「父方が力を持つ時代」となっていくのでした。京都を歩きながら女性の歴史を眺めている私としても、この変化は無視できないものがあります。時代の変わり目の空気を感じるべく、まずは『讃岐典侍日記』の舞台となった、堀河天皇の里内裏跡（堀河殿）を訪ねてみましょう。

里内裏とは、内裏の外に仮に設けられた天皇の在所のこと。妻方の実家関係の邸などが用いられることが多く、堀河天皇の里内裏も、元は藤原家の大邸宅でした。

堀川通を挟んで二条城の向かい側、京都国際ホテルの前に、里内裏跡の碑があるはず。……と行ってみたら、ホテルはすでに無くなっていました。創業から五十三年でその歴史に幕を下ろしたということで、既に新しいホテルが建築中（現・ホテル ザ ミツイキョウト）。お向かいの二条城は築約四百年ですが、昨今の建物はたいてい、築五十年くらいで毀たれてしまうようです。

　里内裏跡の碑も見あたらなくなっていたので、工事現場の周囲をぐるりと回りつつ考えたのは、堀河天皇のこと。堀河天皇は、政治の面でも文化の面でも有能な人であったようですが、身体は丈夫ではありませんでした。『讃岐典侍日記』の前半は、そんな堀河天皇の看取りの記録です。この地で堀河天皇は重病となり、やがて危篤に。長子は近くでずっと看病しているのですが、しかし当時は治療と言ってもせいぜい薬湯を飲んだり、物の怪を祓ったり、加持祈禱をしたりするくらい。

　長子は、日に日に弱っていく堀河帝に付き添い、崩御の時もその枕頭にありました。よく気のつく、優しい性格の女性であったことが、この日記から伝わってきます。

　堀河天皇が若くして亡くなったことにより、皇位はまだ五歳の息子・鳥羽天皇に移りました。ちなみに鳥羽天皇の生母は、出産の時に亡くなっています。生まれた時に母を、五歳で父を亡くした鳥羽天皇は、祖父である白河院の庇護の下で育ち、白河院政は本格的に稼働していくのでした。

鳥羽天皇の即位の時、長子は白河院より、新帝にも出仕せよとの命を受けます。さらには、即位の儀式の時に「とばりあげ」の役を務めよ、とも。

この「とばりあげ」、私達もつい最近、テレビを通して目にしています。平成の天皇が譲位されて令和の時代が始まった時、新天皇の即位を披露すべく行われたのが、即位礼正殿の儀。新しい天皇が高御座に、皇后が御帳台に昇られ、やがてそれぞれの帳が開かれてお姿をあらわされた瞬間を、私はテレビで見つめていました。

その時に帳を開けた役こそが「とばりあげ」。大役を仰せつかった長子は「私が？」と悩むものの、引き受けることになるのです。

その時、儀式が行われたのは、大内裏八省院の正殿でした。堀河天皇里内裏跡からは、北西に約一キロ少々か。歩けない距離ではないと思い、堀川通を北上していきました。

しばらくして目に入ったのは、「鳴海餅本店」。デパートにも入っている庶民的な和菓子店の本店が、こちらです。そして私は、このお店のお赤飯が好物。特に、秋限定の栗赤飯には目がないのですが、あいにく季節は外れています。普通のお赤飯を購入し、リュックに入れてから、今度は西に向けて再び歩き出しました。

おそらく当時の牛車と同じくらいの時間をかけて、以前も訪れた千本丸太町の交差点に到着しました。この辺りが当時の大内裏なのであり、八省院は千本丸太町の交差点から南側の辺りにあったようです。

交通量の多い交差点に佇みつつ、「とばりあげ」に臨んだ長子の姿を想像してみます。十二月一日の未明から大極殿に詰めていた長子は、やがて自分が自分ではないような気持ちで高御座に昇り、お役目を果たしました。帳の中からお姿をあらわした五歳の鳥羽天皇は、きっと不安げな表情だったのではないか。

交差点から西へ少々歩き、以前も訪れた京都アスニーへ。疲れてきたのでまずは併設の食堂でぜんざいを平らげてから、アスニー内の平安京創生館で、鳥羽離宮復元模型を眺めました。鳥羽離宮（鳥羽殿とも）は、院政の舞台となった地の一つ。平安京の南端にあった羅城門（らじょうもん）からまっすぐ南に下がった郊外にあったという位置関係を、模型にて確認します。

翌日。鳥羽離宮に行く前に、花園（はなぞの）へ向かうことにしました。京都駅からJR嵯峨野線に乗り、五駅目が花園。駅前は素っ気ない風景なのですが、目の前の丸太町通を渡ってすぐにある法金剛院（ほうこんごういん）は、稀代（きたい）のモテ女・待賢門院璋子（たいけんもんいんたまこ）の思いが籠ったお寺なのです。

「待賢門院」などの院号は、天皇の生母や后、内親王等に贈られたもの。院号を得た女院は、上皇に準ずる待遇を受けていました。

藤原家出身の璋子は、幼い頃から際立った美しさを持っていたようです。白河院の愛人である祇園女御の養女になると、白河院は璋子を溺愛。四十七歳という驚異の年齢差があったにもかかわらず、白河院は少女時代の璋子と、関係を結んだようです。

養女と……ということで、ついウッディ・アレンが脳裏に浮かんでしまうのですが、白河院はとにかく多情な人。さらに白河院は、自分の孫である鳥羽天皇に、璋子を入内させます。時に帝、十五歳。璋子、十七歳。

鳥羽帝は、璋子が白河院の「お手つき」であることを、察していたかもしれません。しかし鳥羽帝は、幼い頃から白河院に育まれていたのであり、もしそれを察していたとて、どうして「NO」と言えましょうか。

女御から中宮となった璋子は、すぐに男の子を産みました。しかし後に崇徳天皇となるこの男の子は、鳥羽天皇にとって、愛児とは言い難い存在だったようです。それというのも璋子と白河院の関係は、璋子の入内後も続いていた模様。鳥羽天皇は、璋子が産んだ子の父は自分ではないと思い、その子を「叔父子」と呼んだという話が残っています。
鳥羽天皇にとって、白河院は祖父。祖父の子供であるならば、自分にとっては「叔父」……という意味での「叔父子」。鳥羽天皇は、その子をどうしても愛することができなかったようです。

白河院、璋子、鳥羽天皇の奇妙な三角関係は、当時であっても十分にスキャンダラスでした。しかしだからといって鳥羽帝は璋子を憎んだわけでなく、彼女との間に七人の子をもうけています。璋子のファム・ファタルぶりが窺(うかが)えるのですが、しかしその運命は、白河院が七十七歳で他界したことによって、変化しました。既に「叔父子」に譲位して上皇となっていた鳥羽は、白河院の重しが外れたせいか、藤原得子(なりこ)という璋子よりも十六歳若い女性を愛するようになったのであり、盤石であった璋子の立場は、揺らいでいきます。

得子は四人の子を産み、やがて女御、そして皇后に。対する璋子は、得子を呪詛(じゅそ)したという疑いがかかって、出家。自らがつくった〝居場所〟である花園の法金剛院へ、入ったのです。

法金剛院の庭には、四季折々、美しい花が咲いています。それは華やかな璋子に相応しい眺めではありますが、花を眺めながら璋子は、自らの花の盛りの頃を思い返したのではないでしょうか。

庭の池のほとりには、待賢門院堀河の歌碑がありました。堀河は璋子に仕えていた女房で、当代随一の歌人。璋子の出家に伴い、自身も出家しています。

璋子は、やはり歌人として知られる西行とも親交があり、西行がこの地を訪れたこともありました。

その時に西行が詠んだのは、

「なにとなく芹と聞くこそあはれなれ

摘みけん人の心知られて」

との歌。九相図に描かれたことでも知られる美女・檀林皇后が芹を召し上がる姿を、ふとしたことからチラ見した男性が、以降その姿を忘れられなくなってしまう。……という話が伝えられていたことから、「芹摘む人」は当時、高貴な女性に叶わぬ思いを抱くことを意味していました。従ってこの歌に込められているのは、西行が璋子に対して抱いていた、秘めたる思い。

白河院、鳥羽天皇のみならず、西行の心までも捉えていた、璋子。その肖像画が法金剛院にはあり、実物を拝見することは叶いませんでしたが、お寺の方が写しを見せてくださいました。水晶の数珠のようなものを持つ璋子は、透明感あふれる女性。彼女に吸い込まれるような気持ちを、男性達は抱いたのではないか。

法金剛院の裏手の住宅街の中に、璋子の墓所である花園西陵(はなぞののにしのみささぎ)がありました。上品に整えられたそのアプローチからは、彼女の魅力の一端がうかがえる気も、したのでした。

花園駅近くの昔ながらの喫茶店で休憩をしていると、豊富な人生経験を持っていそうなマダムと、常連客のおじさんとの会話のBGMとして流れていたのは、越路吹雪(こしじふぶき)。男はつらいと言うけれど、女の人生も、つらいもの。モテすぎるのも幸せとは限らない。……と、私は越路吹雪を聞きつつ、ほろ苦いコーヒーを飲み干したのです。

京都駅に戻ってから、今度は近鉄電車に乗り、四駅目の竹田(たけだ)で下車。京都駅の南側は、観光客が赴く機会の少ない場所です。竹田駅周辺も、工場やら阪神高速やらが目に入り、決して情緒ある景色ではありません。車は多いのですが、歩いている人の姿やお店などは、ほとんど見かけないのです。

が、この地こそが昨日、京都アスニーの模型で見た、鳥羽殿。羅城門から南にまっすぐ鳥羽作道(とばのつくりみち)が敷かれ、都さながらに栄えた院政の中心地でした。

しばし歩くと、「院政之地」と刻まれた碑が。白河院も鳥羽院も、この地を自らの墓所として考えていたようで、安樂壽院陵には鳥羽院が眠り、高速の高架を越えれば白河天皇陵があります。

興味深かったのは、やはりほど近くにある近衛天皇陵でした。こちらは天皇陵としては珍しい多宝塔（仏塔）なのですが、そもそもは鳥羽院が得子のために用意した陵だというではありませんか。

待賢門院璋子は失意の中で出家し、その三年後に他界しました。一方の得子は璋子の死後、美福門院という院号を受けています。美福門院得子は政治的手腕も持ち合わせていたようで、晩年の鳥羽院は、彼女をおおいに頼りにしていたのではないか。だからこそ、死後も近くに眠りたかったのでしょう。

しかし得子は、鳥羽院亡き後、その思いを拒否します。今の世においても、

「夫とは一緒の墓に入りたくないわ！」

と言う妻達がいますが、得子はその走りだったのか。それとも彼女は、花園に眠っている璋子に遠慮したのか。

そんなわけで鳥羽天皇は、待賢門院璋子、美福門院得子という、自らが愛した二人の女性とは離れた場所で、眠っているのでした。近くに眠るのは、結局は璋子のこと

を最もよく「知って」いた、祖父の白河院。そして自らの息子である、近衛天皇。

生まれた時から母はおらず、祖父のお手つきであった璋子を后として与えられた鳥羽院は、「絶対的に安心できる女性」を、求め続けていたのではないでしょうか。若い得子にその希望を懸けたのかもしれませんが、しかし鳥羽天皇の死後、得子は離れていってしまいました。

権力のあり方が変わりつつある世において、せめてもの安心を女性に求めた、男達。しかし同時に女達にとっても安寧の地は求めづらくなっていたのであり、男も女も揺らぐ時代は、さらに続くこととなります。

9 平安と現代、「伝染病が蔓延する世」を生きる

御池通
八坂神社又旅社
三条駅
三条通
地下鉄東西線
阪急京都線
八坂神社
京福嵐山本線
四条大宮駅
地下鉄烏丸線
京都河原町駅
京阪本線
JR山陰本線
京都タワー
鴨川
京都駅
羅城門遺址
東寺
東寺駅
九条駅
悲田院
泉涌寺

京阪本線
四条大橋
祇園四条駅
四条通
西楼門
疫神社
八坂神社
高島屋京都店
東華菜館
南座
一力亭
南楼門
中村楼
東大路通
川端通
鴨川

新型コロナウイルスの感染拡大を防ぐべく、「とにかく家から出ないで！」というお触れがお上から出されている昨今。私もしばらく京都に行くことができなくなりましたが、この状況下で思い出したのは、和泉式部のことでした。

『和泉式部日記』に記されているのは、冷泉天皇の皇子である敦道親王との恋の顛末です。しかしその恋は、和泉式部の数多の恋のうちの一つにすぎません。敦道親王と付き合う前には、彼の実兄である為尊親王と彼女は交際していたのであり、為尊親王が若くして亡くなってしまった後に弟とも、ということになったのです。

兄の為尊親王は、疫病が蔓延していたというのにふらふらと夜に出歩いていて、病にかかって亡くなってしまいました。『大鏡』によれば、為尊・敦道兄弟はどうやら共に、少々重みに欠ける性格であった模様です。

為尊親王、享年二十六。やはり若者は今も昔も、たとえ疫病が流行っていたとしても「ま、大丈夫でしょ？」と、夜に出歩きたくなってしまうものなのか。

平安時代の男女の逢瀬は、夜に男性が女性のもとへと訪れて、夜が明ける前に帰っていくのが基本でした。男性は女性のところから帰ってきたならば、後朝の歌を詠んで女性のもとへ届けるのが、最低限の礼儀。

今のようにウイルスについての知識は無かったにせよ、疫病が流行っている時にやたらと出歩くのはまずい、とは平安の人々も感じていたでしょう。しかし為尊親王は、夜に外出しないと女性と逢うことができなくなるのが、つらかったのではないか。

そして私は、今の若者達にも思いを馳せるのです。若者が出歩きたいのは当然であり、それを止められるのは、つらかろう。「今この時、どうしても会いたい」という恋が、今の若者にとっては命を懸けた逢瀬になってしまうとは……、と。

私達は今、人生で初めて「伝染病が蔓延する世」を体験しているのですが、歴史を振り返るならば、そういった時代は、為尊親王の頃のみならず、しばしばありました。京都を訪れたことがある人は大抵行ったであろう八坂神社も、疫病対策の任を長いあいだ担ってきた神社なのです。

八坂神社の祭礼である祇園祭は、多くの山鉾が出るなどして一か月ほど続く、京都の夏の風物詩です。このお祭も大元をたどれば、疫病を祓うための行事から発展していったものなのでした。

宵山の時期に街中をそぞろ歩くと、各山鉾において粽が授与されているのを目にしますが、この粽は食べ物ではなく、飾るための粽。京都の家々の玄関にこの粽が飾られているのを目にしたことがある方も、いらっしゃるでしょう。

熊笹でできた長さ三十センチほどの粽には、

「蘇民将来子孫也(そみんしょうらいのしそんなり)」

と書かれた護符が貼ってあります。この護符こそが古来、疫病除(よ)けとして人々の信を集めてきたもの。

八坂神社には、素戔嗚尊(すさのおのみこと)などの神々が祀られています。伝説によれば、素戔嗚尊が旅の途中で一夜の宿を求めていた時、裕福な男はにべもなく断ったのに対し、その兄は自身が貧しいにもかかわらず、快く泊めてもてなしたのだそうで、その男の名が「蘇民将来」でした。

素戔嗚尊は、

「蘇民将来の子孫であることを名乗れば、今後は疫病や災厄から逃れられるようにしよう」

と約束して、去っていきます。その言葉通り、後に疫病が流行った時に弟の一族は全滅してしまったけれど、蘇民将来の一族は生き残ることができたのだそう。

この伝説は、京都のみならず日本各地に残っていますが、そのようなことから祇園祭の粽には「蘇民将来子孫也」との文字が書かれているのでした。粽を家の玄関に飾り、

「ここの家は蘇民将来の子孫ですので！」

とアピールすることによって、疫病や災厄を防ごう、という狙い。『旧約聖書』に

おける過越祭（エジプトで奴隷となっていたイスラエルの民を神が救い出そうとした時、イスラエルの民の家には子羊の血で目印をつけることで、エジプト人に災厄をもたらす神がイスラエルの民の家を過ぎ越すようにしたことに由来する）を思い起こさせる話でもあります。

我が家でも毎年、祇園祭の長刀鉾の粽を玄関に飾っています。例年は、季節の風物詩という感覚で飾っていたのですが、コロナ騒動となってからは、粽を見上げる目が急に真剣になってきました。昔の人と同じように、どうぞ通り過ぎてください！と念じる気持ちが強まったのです。

とはいえ昔の人々は、今の我々とは比べものにならないほどの真剣な思いを、この粽に託していたことでしょう。人々の命を奪う病がひたひたとやってきても、昔の人はそれがどこから来たのか、そしてどのような病なのか、知るべくもなかった。

もちろん予防策も、治療をする術もありません。霊験あらたかな僧を呼んで加持祈禱を行うことが、精一杯の対策だったのです。

貴族の場合は、まだ邸宅の中で病人を看護し、加持祈禱などをすることもできたようですが、庶民達は悲惨でした。疫病に感染した人々は、悲田院や施薬院といった福祉施設に入ることができる場合もあれば、外国からの使節を迎える建物である鴻臚館(こうろかん)に収容されることもあったようです。そのあたりは、ホテルに感染者を収容している今の日本の状態とも、共通しているところ。

悲田院といえば、第1章でとりあげた奈良時代の光明皇后が設置したことで知られています。都が京都に移った後も、悲田院は都の東西に、一つずつ設けられていました。

以前、清少納言が仕えた定子の墓である鳥辺野陵を訪れた時、ほど近くの泉涌寺に立ち寄りましたが、現在の悲田院は、泉涌寺の塔頭となって、その名を残しています。平安時代の悲田院は別の場所にあったようですが、今の悲田院も、光明皇后以来の福祉の理念をしのぶよすがとなる地ではあるのでした。

とはいえパンデミックとなってしまえば、とてもその手の施設だけで病者を収容しきれるものではありません。病が重くなると、病気を恐れた家人が家から追い出してしまうことも多々あったようで、道端に瀕死(ひんし)の病人が倒れていたり、そのまま亡くなった人の遺体が放置されていたり、ということが珍しくなかったのです。

家から出されてしまった病人は、大きな寺社の山門等を居場所とするケースもあったようです。黒澤明(くろさわあきら)監督の映画『羅生門(らしょうもん)』を思い出していただくとわかるかと思いますが、当時の門は、屋根付きの建造物。人々が雨露をしのぐことができました。

映画『羅生門』では、門で雨宿りをしていた三人の男達の会話から、物語が展開していきます。ラストシーンでは、門に捨てられていた赤ん坊が、重要な役割を果たしてもいました。荒廃した門には様々な人が出入りし、時には赤ん坊が捨てられることもあったのでしょう。

この映画のベースとなったのは、芥川龍之介の『羅生門』、および『藪の中』。そして芥川の『羅生門』のベースとなっているのが、平安末期に編まれたとされる『今昔物語集』の、「羅城門の上層に登りて死人を見たる盗人の語」です。

京で盗みをはたらこうと、平安京の入り口である羅城門にやってきた、ある男。門の楼上へと登ってみたところ、そこには若い女の死体が放置されており、老婆が覆いかぶさるようにして、その死体から髪の毛を引き抜いていたのです。

あまりの陰惨な光景に、「これは、鬼……？」と盗人は慄くのですが、老婆は、

「これはかつてお仕えしていた主の死体だが、置き場に困ってもってきた。死体の髪を抜いて鬘にするのだ」

と語ります。やがて盗人は、死体の着物と老婆の着物、そして抜かれた髪を全て奪って、走り去っていく……。

当時の門がどれほど廃れた場所であったかが伝わる、この話。死人が放置されるのみならず、そこは生きている人間が鬼のように化してしまう、無法地帯でもあったのです。

この時代は、今のように、全ての人が丁重に葬られるわけではありませんでした。重い病気になってしまった人の末路がわかっているからこそ、人々が疫病を恐れる気持ちは、現在の比ではなかったことでしょう。

それではここで、疫病封じと深い関係を持つ八坂神社へと、京都へ行かずして脳内ぶらり散歩をしてみましょう。スタート地点は、京都で最も賑やかな地である、四条河原町の交差点あたりとして、四条通を東へと進んでいきます。

歩いていくと、四条大橋の手前右手には、ヴォーリズの建築で有名な、中国料理店の「東華菜館」が。均等に距離をとって河原に腰かけるカップルを橋の上から眺めれば、そのような言葉ができる前から、彼らはソーシャル・ディスタンスをきっちりととっていたことに思い当たるのでした。

川風に吹かれつつ橋を渡れば、そこは南座。様々なお店を眺めながら祇園の商店街を歩くうちに、やがてお茶屋の一力亭が見えてきました。歌舞伎にも登場する、一力亭。ここで大石内蔵助は遊んだのね……などと思いつつさらに歩を進めれば、突き当たりには八坂神社の丹塗りの門が。

目にも鮮やかなこの西楼門は、八坂神社の正門ではないのだそうです。右手に回ったところにある南楼門が正門に当たるということでそちらから入れば、参道は確かに本殿へとまっすぐ続いています。

南楼門脇には、室町時代から表参道で茶屋を営んでいたという料亭の「中村楼」があります。しゃれたカフェも併設されており、抹茶パフェやら、参道の茶屋だった時代からの名物である田楽豆腐やらといった魅力的なメニューについ引き込まれそうになりますが、まずはお参りをするとしましょう。

境内には、人が通り抜けることができる大きな茅の輪を、見ることができます。素戔嗚尊が、泊めてもらったお礼にと蘇民将来に渡したのが、茅の輪。本来は祇園祭中にのみ設置され、一年の無病息災を祈って人々がくぐり抜けるものなのですが、今回はコロナ封じのために、特別に設けられたのだそう。臨時の茅の輪の設置は、明治時代にコレラが流行して以来、百四十三年ぶりだというではありませんか。しっかりと茅の輪をくぐって、身の安全を祈ります。

ここから西の方へと三キロほど行った場所には、八坂神社の境外の末社である又旅社(しゃ)があります。三条会のアーケード商店街の中にある小さなお社なのですが、去る四月八日には、こちらでも新型ウィルス流行の終息を祈願して、祇園御霊会(ごりょうえ)という神事が行われました。

又旅社は、かつての神泉苑(しんせんえん)の南端に位置しています。神泉苑とはもともと、平安京の大内裏に接していた、天皇の庭でした。今も神泉苑は二条城の南に存在していますが、昔はずっと規模の大きな庭園だったのです。

平安初期に疫病が蔓延した時、神泉苑に祇園社（現在の八坂神社）の神輿(みこし)を迎えて行われたのが、祇園御霊会の始まりです。無念の気持ちを残して世を去った人々の霊を慰めることによって疫病を鎮めるというこの行事は、朝廷の肝いりで盛大に行われました。それだけ人々は疫病に困っており、また祇園社の霊験はあらたかだったということでしょう。

そのような歴史がある中、八坂神社が今また御霊会を行っていることを考えると、頼もしい気持ちにもなると同時に、人間がコントロールできるものは、実はとても少ないのではないかと思えてくるのでした。スイッチを押しさえすれば電気がついたりお風呂が沸いたりする今の生活は快適で、「昔の人はかわいそう」などと思ったりもしますが、我々は千年以上前の人々と同様に、疫病の流行に手をこまねき、家の中に籠って、祈りの力に期待を寄せているのですから。

八坂神社の境内には、蘇民将来を祀る疫神社という摂社もあります。そちらにも、

「今また、新しいウイルスが流行しております。どうか少しでも早く、この流行が収束しますように」

とお参りをして、今度は西楼門から外に出てみましょう。八坂神社からは、四条通がまっすぐに西へと続いているのであり、このまっすぐさが、いかにも都会的です。四条通の左右に広がる祇園の町は、美しい芸妓さんや舞妓さん達が、京都ならではの洗練の極みのサービスを見せてくれる世界です。京都はまた学問や芸術の都市であり、人々が都市に集まって出会い、繫がることによって、科学技術や文化を育んできました。

今は人と人とが出会い、繫がることができなくなった時代ではありますが、しかし幾度も疫病を経験してきたこの街は、今回もきっと、この禍を乗り越えることでしょう。そして再び人々が出会い、繫がることによって、新たな何かが生み出されるに違いありません。

……そんなことを思いつつ四条通を髙島屋方面に向かえば、

「あ、中村楼のカフェに寄るのを忘れてしまった」

などと思うわけですが、それはまたコロナの騒動が終わって、脳内散歩ではなく、八坂神社にリアルにお礼参りができた時のお楽しみとして、とっておくことにいたしましょうか。

〈追記〉この章を書いたのは令和二（二〇二〇）年五月初旬。四月七日に初めての緊急事態宣言が出てから、約一ヶ月が経った頃でした。得体の知れぬ恐怖を覚えつつ、外には出ない生活が続いたのであり、家の中から京都に思いを馳せて書いた章が、しばらく続きます。

10 自粛の日々で知った「憧れる」想い

ここに来て私は、「憧れる」という言葉の意味が初めてわかったような気がしています。「憧れる」というと、アイドルやらスポーツ選手やらといった高嶺(たかね)の花に対し、仰ぎ見るように惹かれる、という時に使用する言葉です。平安時代から「憧(あくが)る」という言葉はありましたが、当時の意味は今と少し違っており、そもそもの意味は「さまよい出る」。本来の場所から、人の心や魂、そしてその人自身がさまよい出ることを「憧る」と言っていました。

たとえば和泉式部の、

「ものおもへば沢のほたるもわが身より
　　あくがれ出(い)づるたまかとぞ見る」

という歌。『和泉式部集』でのこの歌の詞書(ことばがき)は、

「男に忘られて侍りけるころ、貴船(きふね)に参りて、みたらし川の、ほたるのとび侍りしを見て」

というものです。「男」から忘れられてしまった自分。貴船神社に参詣すると、沢に飛ぶ蛍が、自分の身体から抜け出た「たま」すなわち魂のように思われたのです。

蛍の光は、ぼんやりと点滅を繰り返します。そして直線的に飛ぶわけではなく、ふわふわと漂っている。この歌を詠んだ時の和泉式部の心も、「男」の夜離れが続いた

ことにより、蛍のように頼りなげな状態だったのでしょう。当時の女性は男性の来訪をひたすら待つしかなく、自分から男性のところに出かけていくわけにはいかなかったからこそ、魂が相手のところに飛んでいきそうな気持ちになったのです。

平安時代の「憧る」はこのように、渇望しているけれど実際に会ったり触れたりすることができない相手への思いが募るあまり、自分の精神が肉体から離れていってしまいそうな時に使用しました。となった時に思い出されるのは、『源氏物語』の六条御息所です。

嫉妬で有名な、六条御息所。その生霊は、源氏が愛した女性達を何度も苦しめ、命を奪ってもいます。賀茂の祭、すなわち現在の葵祭（あおいまつり）の時には、行列に供奉（ぐぶ）する源氏を密（ひそ）かに眺めたいと牛車で出かけた御息所でしたが、源氏の正妻である葵の上の車に、押しやられてしまうことに。それは葵の上の指示による行為ではなかったにせよ、御息所は激しい屈辱を感じるのです。

その後、葵の上は源氏の子を産むのですが、出産の時に彼女に取り憑（つ）いて苦しめたのが、御息所の生霊です。葵の上の口を借りた生霊は、

「もの思ふ人の魂は、げにあくがるるものになむありける」

と、源氏に語りました。つまり、

「思い詰めた人の魂は、まことに身体から抜け出るものなのですね……」
との意であり、御息所の口調そのままに語られたその言葉は、源氏をぞっとさせたのです。

六条御息所はかつての東宮妃であり、夫の死後、源氏との交際が始まりました。身分も教養も高い上に美人というプライドを持つ女性であったからこそ、源氏から軽んじられることが我慢ならなかったのでしょう。

女性の嫉妬心は、自分の「男」にではなく、ライバルの「女」に向かいがちであり、御息所の生霊も、源氏ではなくその正妻の葵の上を攻撃しました。今であれば嫉妬に苦しむ女性が、相手の家に乗り込んで直接抗議をしたり、「泥棒猫！」と叫んでみたりすることも可能です。しかし女性が自由に出歩くことができない当時は、そのような行為は不可能。ただ一人、葵の上に対する憎悪の念をたぎらせた結果、御息所の魂は彼女の身体からあくがれ出て葵の上のところへ向かい、結果として彼女をとり殺してしまうのでした。

現代における「憧れ」も、身近な人ではなく、手が届かなそうな人に対して使用する言葉です。しかし今の「憧れ」は、心惹かれる対象を仰ぎ見るというその行為のみを示すようになっており、「あくがる」がそもそも意味していた「魂が身体から離れていく感じ」を、私達は既に忘れています。

それというのも、今は魂と共に肉体を移動させることが簡単にできる時代だからなのでしょう。アイドルのことが好きになったら、チケットを買えばそのライブに行くことができる。スポーツ選手であれば、試合に行くことによって、生身（なまみ）の活躍を見ることができるのですから。

のみならず、今はアイドルであれスポーツ選手であれ、ファンサービスを熱心にしてくれますから、少し頑張れば、握手をしたり一緒に写真を撮ったりすることも可能。さらにはどんな有名人も、ＳＮＳを通じて普段の姿を披露（ひろう）するようにもなったのであり、こちらの魂を肉体と分離させてまで近づこうとしなくとも、あちらからこちらに近寄ってくれるようになったのです。

交通機関や科学技術の発達により、私達の気持ちは、本来の意味での「憧れ」に到達する前の段階で霧散するようになった、と言うこともできましょう。和泉式部は、自分に冷たい男のことを思うあまり蛍に自分の姿を重ねましたが、今はネットを検索すれば、元彼の動向も探ることができますし、元彼が出没しそうな場所に偶然のように居合わせることもできるのです。

時代の変化と共に「憧れ」の本来の意味を人々は忘れていったのですが、しかしここにきて、時代を一気に巻き戻すような出来事が発生したのであり、それが新型ウィルス騒動です。

感染予防のために私達の行動は制限され、移動することや、家族以外の人と会うことはできなくなりました。基本的には家の中にいてくださいね、という平安時代の女性のような生活になったのです。

私は京都が好きであるからこそこのような文章を書いているのですが、今は京都に行くことはままなりません。現時点で京都は、またいつ行くことができるかもわからない、遠い地となりました。

この文章を書きながらも、私は「京都に行きたいなぁ」と願い、京都のあちらこちらのことを、思っています。厳しい残暑の中で食べたカレーの味、鴨川(かもがわ)を渡る風、御所の緑。……そんなものを五感を総動員して反芻(はんすう)しながらはたと思ったのが、

「これが『あくがる』ということなのではあるまいか」

ということでした。

行きたいけれど、行くことができない。会いたいけれど、会うことができない。そんな状況の中で、身体は家の中にいるまま、自身の魂だけがさまよい出てしまいそう

なその感じを、私は外出自粛の世において、理解しました。古語辞典を読んで知っていた「憧る」の意味を初めて体感した、と言いましょうか。

我々は今、ウイルスの蔓延によって蟄居生活を余儀なくされていますが、平安時代の貴族の女性達は、疫病が流行していなくとも、おいそれと外に出ることはできませんでした。女性は家の中、それも奥の方にいるべきであり、家の中でも「端近」、すなわち外に近い場所にいるだけでも、上品ではないとされたのです。

『源氏物語』の「若菜上」では、葵の上亡き後に源氏の正妻となった女三宮が、邸の端近で、御簾越しに蹴鞠を見物するシーンが描かれます。するとその時、猫が御簾をめくり上げて、女三宮の姿が一瞬あらわに。その姿を庭にいた柏木という青年がチラ見し、途端に恋に堕ちてしまうのです。

御簾がめくれ上がっただけで姿が見えるような場所に女三宮がいたことは、女性としての嗜みに欠ける行為です。源氏の正妻という立場の女性が、端近で蹴鞠見物などしたら、軽率の誹りは避けられません。

この時代、「見る」という言葉は、「肉体関係を持つ」ことと同義です。男女は普段、互いに見えない場所で生きており、異性と言葉を交わす時も御簾越しなので、相手の姿は目視できない。肉体関係を持つまでは実際に「見る」ことは無いからこそ、「見る」は「する」と同義なのでした。

女三宮を一瞬見ただけで柏木が心を奪われてしまったのも、生身の女性を普段は目にしていないからなのでしょう。その恋は柏木を不幸に陥れるのですが、実際に女性を目視することの刺激は、不義の恋に人を走らせるほど強かったのです。

建物の奥にいることが義務づけられていただけではありません。女性が身につけるものも、「動かない」「見られない」ために作られています。幾重(いくえ)にも重ねられた着物は、美しいけれど女性の行動を縛る拘束衣(こうそくい)でもあったのではないか。

長ければ長いほど美しいとされた髪もまた、女性達の動きを制限するほだしとなったことでしょう。長くて重い髪。重ねに重ねる装束。さらには御簾や扇(おうぎ)で顔を隠す。……ということで、女性達は他人から見られないように、厳重に守られていました。

今もイスラム国家には、顔や髪などを他人から見られないようにしている女性達がいます。彼女達もまた、非常に「親しい」人にしか、それらの部位を見せることはありません。

今のイスラム国家と、千年前の京都。同じように女性達の姿は慎重に隠されているのですが、両者の大きな違いは、性道徳の部分にあります。イスラム教においては、婚前交渉や結婚後の不倫はご法度であるのに対して、平安時代の京都においては、そのあたりがかなりゆるいのです。

『源氏物語』を読んでも、源氏はほとんど合意もなく、初対面の相手のところに押し入って、行為に至ったりしています。現在では強姦と言うその行為、もちろん源氏が自分に自信があったからこそできたのでしょうが、異性から見られることすら避けなくてはならなかった女性達にしては、ずいぶんあっさりと身を許してはいないか。和泉式部などを見てもわかるように、この時代の女性達は生涯に複数の男性との関係を持つことも珍しくなく、イスラム圏のように「基本的には生涯、一人とだけ」といった感覚は無さそうです。

その時代、日本にはまだ処女性を重んじる文化が無かったのは、事実です。しかし、それなのになぜ女性達にそれほど過剰包装を施していたのか、という疑問が湧いてくるのでした。十二単や御簾や扇で女性を過剰包装するのであれば、もっと徹底的に隠し抜けばいいのに、最後の部分が妙にゆるいのはなぜなのか。

……と考えてみますと、この時代は隠すことがコケットリィとなったのではないか、という気がするのです。完全に隠すのではなく、「ここに女がいます」ということをアピールしながら、隠す。牛車にしても、後部から着物の裾を出すという「出だし衣(ぎぬ)」によって、「この車には、このようなセンスの女性が乗っています」とアピール。御簾やら扇やらにしても、男性からしたら簡単にとり払うことはできるわけで、そのような手段で隠すことは、媚態(びたい)の一種だった気がしてなりません。

平安時代、娘はその父親にとって、持ち駒の役割を果たしています。藤原家は、娘を東宮と結婚させ、そこに生まれた子を皇位につけることによって、天皇の外戚として権力を強めていきました。藤原家でなくとも、娘が良い婿をとれば、娘の父の未来も変わってきたのです。

となると、娘は隠さなくてはならないけれど、隠しすぎてもいけなかったのでしょう。絶対に開かない堅牢(けんろう)な門ではなく、叩き続ければ開く門の風情を醸し出す必要があったのです。

そこへいくと現代の女性は、叩かれる前から開いている状態なのでした。顔や髪を隠さないのはもちろんのこと、夏が来ようものなら、腕でも脚でも、見せられる部位は全て見せる。

私も若い頃はそのような格好をしていたのですが、しかし今になってみるとわかります。日本の男性は、もっと「憧れたい」のではないか、と。なかなか見ることができない部分を残しておかないと、女性に対して「憧れる」ことができないという、千年前から続く性癖を、彼等は今も持ち続けているのではないか。

むき出しの肢体は、目にした時は「おお！」と思わせますが、その先がありません。既に門は開いているので、「これを開けたら、向こうには何が……」という探究心が刺激されないことでしょう。対して平安時代の女性達は、着物の裾だけとか、声だけとか、御簾越しの透影（すきかげ）だけとか、自身の気配をチラ見せすることによって男性達を引き寄せるテクニックを、熟知していたのです。

はからずも今、人々の顔はマスクによって覆われています。マスクはうっとうしい存在である一方で、平安時代における御簾や扇の役割を果たすのかも。見えないものに対する想像力をかきたてる道具と考えれば、マスクもまた面倒でなくなるかもしれません。

家にいなくてはならない今、私のみならず多くの人が、本来の意味での「憧れ」を発見しているのだと思います。会えないからこそ、好きな人を想（おも）う気持ちは高まるのであり、私達の魂は、かつてのように肉体からあくがれ出でる力を取り戻そうとしているのです。

それは、会いたい人に会い、行きたい場所に行くことができる自由のありがたさを実感する時間でもあるのですが、ちなみに「ありがたし」を古語辞典で引けば、「有る」ことが「難い」、すなわち滅多にあることではない、という意味なのでした。

平安時代に思いを馳せれば、自由に出歩くということは、本来の意味で「有り難い」のであるなぁ、と理解する今。そのありがたみを噛（か）みしめつつ、初めて知った「憧れ」の意味を、しばらく胸の中で醸成させることにいたしましょう。

11 女人にとって「籠る」とは

『枕草子』の「心ときめきするもの」の段には、

「よき薫き物たきて、ひとり臥したる」

という一文があるのでした。

「心ときめき」とは、どきどき、わくわくする感じを言います。上質のお香を薫いて一人過ごしている時、清少納言は密かに胸を高鳴らせていたようです。

「臥す」と言っても、寝ているとは限りません。当時の人は、のんびり過ごす時間に腹ばいになることが多かった模様。一人でリラックスしている時に漂う芳香によって、清少納言はかつての恋や喜びや悲しみの記憶を、蘇らせていたのではないでしょうか。

この時の薫き物は、誰かのためではなく、自分のために薫いています。我々も、一人でいる時に好きな香水を少しばかりつけ、その香りに記憶の思わぬ部分を刺激されて、胸が高鳴ることがありはしまいか。特に自宅で過ごす時間が長い昨今、私は無性に「よい香りがするもの」が欲しくなって、色々とネットで買っているのです。

同じ段には、

「頭洗ひ、化粧じて、かうばしうしみたる衣など着たる。ことに見る人なきところにても、心のうちは、なほいとをかし」

との文章も見ることができます。衣や扇に薫きしめることが多かった、お香。髪を洗って化粧をし、よい香りの衣を身につければ、特に誰かに見られているわけではなくても、胸はときめく……というわけです。

当時「髪を洗う」といったら、我々がシャンプーをするのとは比較にならないほどの、大ごとでした。「泔（ゆする）」といわれる米のとぎ汁で洗ったようですが、女性達の髪は地につくように長く、シャワーやドライヤーがあるはずもない。頻繁に洗うわけにはいかなかったからこそ、洗った後のさっぱり感は格別だったでしょう。

清少納言は本来、アピール好きな性格です。楽しいことをしている時は、「誰かに見てもらいたい！」と、リア充アピールをしたくてうずうずしてしまう。

そんな彼女も、髪を洗った後のひとときは、誰から見られていなくても「心ときめき」するのでした。さっぱりとした後に化粧をして良い香りに包まれれば、一人でも、と言うよりは一人であるからこその充実感を、覚えることができたのです。

新型ウィルス時代となり、おしゃれをする機会は減っています。しかし一人でいても、好きな服を身につけている時とそうではない時では、気分が異なるもの。清少納言もまた、そんな充足感を大切にしていました。

平安時代の女性にとって一人でいる時間は、今よりもずっと貴重だったのかもしれません。貴族であれば、使用人達に身の回りのことをしてもらうのが常（つね）。身分制度がしっかりとあった時代故、使用人のことを人間扱いしていないきらいはありますが、とはいえ常にどこかに人目のある生活をしていたはずです。

女房として出仕している時は、基本的には泊まり込みの業務でした。それも個室ではなく、パーテーションで区切ったような場所で、他の女房とともに寝起きしていたのであり、そこにそれぞれの「彼」が忍んできたり子供がやってきたりと、様々な気配が漂っていた模様。

そんな日常から離れたいと思った時にはどうするかといえば、彼女達はしばしば、泊まりがけで寺籠りに出かけているのでした。本書においてもすでに、『蜻蛉日記』作者の藤原道綱母が参籠した石山寺や般若寺跡、菅原孝標女が親と一緒に籠った広隆寺を、訪れています。

般若寺は、道綱母の「行きつけの寺」であった模様。また菅原孝標女は、お母さんが古いタイプの人であり、

「長谷寺だなんて、途中で人さらいに遭うかもしれないじゃないの。石山寺は逢坂の関を越えていかなくちゃならないから怖い！」

と物怖じするので、清水寺に行くのがやっとだったようです。おたく気質を持つ彼

女は長らく親がかりであったため、広隆寺や清水寺といった近場に、親と行っているのでした。

孝標女のお母さんは怖がっていたものの、石山寺は人気のスポットだったのであり、多くの人が参籠しています。逢坂山を越えて琵琶湖の近くまで行くことによって、気分も変わったのでしょう。

道綱母は、夫である兼家と近江(おうみ)という女の仲があやしい、と聞いて悶々とし、気晴らしのために石山寺へ向かいます。しかしちっとも気は晴れず、涙が涸(か)れるほどに泣きながら仏様におすがりし、「もう、死んでしまおうかしら」などと思っているのでした。

石山寺への参籠後も、夫との関係は改善しません。憂鬱な気持ちを募らせた彼女は、やがて般若寺へ。こうなると、信仰のための行為というよりは、ほとんど家出です。

石山寺へは、和泉式部も参籠したことがあります。例の、疫病が流行っているのにふらふら出歩いて感染してしまった為尊親王が亡くなった後、彼女はその弟である敦道親王とも付き合います。石山寺に籠ったのは、敦道親王との交際が始まってからのことでした。

この時、彼女も敦道親王絡みで、もやもやとした気持ちを抱えていました。敦道親王には正妻がいて、彼女はモテ女である和泉式部に対して、しばしば嫉妬をしていました。宮との将来が見えるわけでもないのにやきもちを焼かれるのはうっとうしい……とすっきりしなかった和泉式部は、宮には言わずに石山寺へ赴いたのです。

それを知らない宮が和泉式部へ文を出すと、

「石山寺へ行って、お留守だそうです」

と、使いの童子。

宮はそこで、和泉式部の恋愛テクニックにひっかかりました。道綱母も同じテクニックを使用したつもりでしたが、彼女の場合、すねて寺籠りしても兼家は「ふーん」という感じだったのに対して、敦道親王はすぐに、

「どうして私に知らせてくれなかったのですか」

という文を童子に持たせ、石山寺へと向かわせたのです。すると和泉式部も、

「私のことはお忘れなのかと思っていました」

と返すなど、二人はせっせとやりとりを続けます。

般若寺から京へと何度も遣いに行かされた道綱のように、童子は文を持って石山寺と京を行き来しますが、石山寺は般若寺よりもずっと遠い。童子が疲労困憊(こんぱい)してしまっても、苦労知らずの宮は、

「苦しくとも行け」

と、のんきに命令を下すのでした。

やりとりの中で和泉式部は、

「こころみにおのが心もこころみむいざ都へと来てさそひみよ」

との歌を、宮へ詠みかけています。私は、自分の心を試してみようと思っているのです。あなたもここに来て、「都へ帰ろう」と私を誘ってみてはいかがです？……

というこの歌は、まさに宮を「こころみて」いる。

「試みる」とは「心見る」ということ。和泉式部は「ここまで来られる？」と、宮の心をのぞき見ているのです。

宮の心は、動かされます。行ってみたい……けれど、天皇の息子という立場では軽々に琵琶湖の近くまで行くことはできず、仕方なく諦めるのでした。

道綱母と和泉式部は、同じように男性絡みで気分が晴れない時に石山寺へと籠っているのですが、道綱母がますます落ち込んで京へと帰ったのに対して、和泉式部は相手の心を翻弄しています。さすがは恋多き女・和泉式部なのであり、女性にとって寺籠りは、男女関係をどうにかしたい時に打つ、一つの勝負手であったことが理解できるのでした。

一方で、色恋抜きに寺籠りを楽しんでいるのが、清少納言です。清少納言も石山寺には行ったことがあるようですが、彼女のお気に入りの寺は、清水寺や、奈良の長谷寺だった模様。

『枕草子』には、

「正月に寺に籠りたるは、いみじう寒く、雪がちに氷りたるこそ、をかしけれ」

という文で始まる段があります。正月は寺籠りのハイシーズンだったのですが、どうせ籠るのであれば寒さが厳しい方が、心身がキリッと引き締まる感じがしたのでしょう。

そこから始まるのは、清水寺に籠った時の話です。寺籠りをする人は、お堂の外陣に作られた局（つぼね）で寝泊まりするのですが、やはり完全な個室というわけではないので、近隣にいる人の気配が濃厚に感じられました。

この時、清少納言の近くには、ちょっといい感じがする男性がいたようです。ひっそりと祈る様子や、夜に静かにお経を読む感じなどがいかにも好ましく、清少納言はしきりに彼のことを気にしているのでした。

このように見ず知らずの男女の気配を感じることができるお寺は、刺激的な場所。若い男性達が女性のいる局のあたりにたむろして、仏様の方には目もくれないでいる様子なども、清少納言はしっかりと観察しているのでした。

様々な人が集まる寺は、会いたい相手と会うことを祈るための場所でもありました。『源氏物語』の「玉鬘(たまかずら)」でも、長谷寺は出会いの舞台となっています。

光源氏が若かりし頃に付き合った夕顔は、六条御息所の生霊に取り殺されてしまい、遺(のこ)された幼い娘・玉鬘は、乳母に連れられ筑紫国(つくしのくに)へ。やがて美しく成長した玉鬘は、しつこく求婚してくる筑紫の男達から逃れるべく、乳母に連れられ、久しぶりに京へ戻ってきます。玉鬘の将来を心配した乳母達が、わざわざ歩いて長谷寺へとお参りに行くと、近くの椿市(つばいち)の宿で、かつて夕顔に仕えていた侍女と偶然、出会うのです。

侍女は夕顔の突然死の後、光源氏に仕えていました。かくして玉鬘の存在が源氏に知られるところとなり、源氏は元カノの娘である玉鬘に下心を持ちつつも、親のように世話を焼くのです。

祈りの場であり、出会いの場でもあった、お寺。お寺に泊まると、夢の中でお告げを得られるという信仰もあったようです。そういえば道綱母は、悲愴(ひそう)感たっぷりに寺に籠っている時に、性夢を見たりしていましたっけ。また孝標女は清水寺に泊まった時、

「将来が悲惨なことになるのも知らずに、どうでもいいことに夢中になって……」

と、お坊さんから不機嫌そうに言われるという夢を見ています。物語の中に生きる夢見がちな彼女の深層心理が、そのような夢を見させたのでしょう。

対して清少納言は、夢のことなど一言も書かず、ほとんどレジャーのように寺籠りを捉えています。

「普段とは何もかもが違う所へ行くのだから、召使いだけを連れて行くなんて、つまらない。やっぱり、楽しいことも嫌なことも一緒になって話せる気の合った友達を、一人でも二人でも大勢でも、誘いたいものよね」

といったことも書いており、

「男の人だって、同じようなことを思っているに違いない」

とも。

気の合う友達と一緒に寺籠りへ、というのは確かに楽しそうです。男同士で来ている人達がそこにいたならば、何かが起こっても不思議ではないでしょう。

参籠への道中では、普段は目にすることのない風景を見ることもできます。長谷寺へ行く時は、淀(よど)の水郷を船で渡りつつ、水面から少しだけ顔を出している菖蒲(しょうぶ)や菰(こも)の葉を従者に取らせ、「随分長いものなのねぇ」と感心し、菰を積んだ船を見て「をか

し」と思ってみたり。『枕草子』には、

「月のいと明(あか)きに、川を渡れば、牛の歩むままに、水晶などの割れたるやうに、水の散りたるこそ、をかしけれ」

だけで終わる短い段がありますが、きっとこの美しい記述も、参籠などへの道中で見た一瞬を切り取ったものでしょう。

道綱母の場合は、道中の自然豊かな景色も、自らの心象風景につい重ねてしまい、「わびし」「苦し」「いみじうもの悲し」などと泣きながら眺めています。和泉式部の場合は、田舎の景色よりも恋に夢中なのか、『日記』の中で風景に触れることは少ない。

対して清少納言は、田舎を楽しむことができるタイプだったようです。長谷寺へ行った時に泊まった粗末な家では、窓から月の光が差し込み、傍(かたわら)に寝ている人がかけている衣に白く映る様子に、「いみじうあはれ」としみじみ。清水寺に行く時は、寺へと続く坂道を登りつつ、どこかで柴を焚(た)いている香りを牛車の中から感じ、

「庶民が炊事をしているのね。こういうのもまた『をかし』！」

などと、上から目線（まさに）で思っています。

異性に自分の姿を見られることは御法度であり、だからこそ「ステイホーム」が生

活の基本、それも家の奥深いところにステイしていなければならなかった、平安女性。彼女達にとっては、お寺に籠ることもその道中も、特別な機会でした。それが非日常であるからこそ、お寺では自身の本来の性質が普段以上に如実にあらわれたのであり、彼女達は仏様の前で、自分の内面とじっくり向き合うことになったのです。

対して、あちこち出かけることが日常となっている我々にとっては、「ステイホーム」こそが非日常。おすがりする仏様はいないにしても、家に籠るという滅多にない機会に、しっかりと自らの真実の姿を見つめ直してみたいものよ、と思うのでした。

12 日記は何を受けとめたのか

コロナ時代となって、私の中でおきた変化の一つに、「日記をやけに詳しく書くようになった」というものがあります。

私は十代の頃から、日記をつけています。日々の出来事を書くだけの簡単なものなのですが、コロナで蟄居の日々になると、お天気や食べたものを前よりも詳しく書き、感染者数の増減やら緊急事態宣言が出ただの解除されただのといったことも、書き記しておくように。

ずっと家にいるので、以前よりも書くことが少なくなった、という理由もあるのでしょう。ごはんを作って食べて仕事をしてNetflixを見てYouTubeを見ながら運動をする、くらいのルーティンを繰り返すのみだからこそ、それぞれについて詳しく書きたくなったのかもしれません。

同時に、非常事態下だからこそ日記欲が刺激されたようにも思います。今まで体験したことの無い事態での閉塞感を文字として発散させようとして、せっせと書いている部分もある。

非常事態下の日記といえば、山田風太郎の『戦中派不戦日記』、内田百閒の『東京焼盡』等、第二次世界大戦中に書かれた様々な日記を、今も私達は読むことができます。戦時下の人々は、命の危険を感じつつ、出口の見えない日々を過ごしていましせん。やり場のない心情を、せめて紙に吐き出したいという感覚があったのかもしれません。

『アンネの日記』もまた、第二次世界大戦中の日記です。隠れ家での生活を余儀なくされたアンネ・フランクは、キティーという友人への手紙を書くという形式で、日記を書いていました。外に出ることが叶わぬ日々の中で、キティーはアンネにとって何でも話すことができる唯一の友。命の危険と隣り合わせの生活の中で、アンネにとってキティーの存在は、どれほど救いとなったことでしょうか。

アンネのことを思うと、コロナによるステイホーム生活などどれほどのものか、と思わされます。とはいえそれでも普段と異なる日々に募る不安を、私は日記に書こうとしているのです。

スポーツをして汗をかくと身体がすっきりしますが、気持ちを紙に書くと、心がすっきりします。そんな〝書くことの効能〟は昔の人も知っていたようで、平安時代の女性の中にも、すっきりするために書いた人がいたように私は思います。

たとえば、藤原道綱母。彼女が書いた『蜻蛉日記』は、女性の日記文学の嚆矢とされる作品ですが、そこには夫の心が自分から離れたことによって悶々とする日々が、たっぷりと記されています。胸に渦巻いた嫉妬や不安を吐き出したことによって、道綱母はずいぶんと楽になったものと思われます。

とはいえ当時の女性の日記は、毎日書いていたものではありません。後から思い出してまとめて書いた、随筆のようなものでもありました。

対して平安時代の男性による日記は、政治的な出来事や行事のことなど、日々の記録として書かれていました。漢文で書かれた彼等の日記は公的な意味合いが強く、個人的な感情を吐露する場ではなかったのです。

『蜻蛉日記』よりも数十年早く書かれた『土佐日記』は、日本初の日記文学と言われています。冒頭部分はよく知られているように、

「男もすなる日記といふものを女もしてみむとて……」

というもの。男が書いている日記とやらを女の私も書いてみようと思って……、ということなのですが、しかし作者の紀貫之は、女ではありません。女のフリをして、女の文字である仮名を使用して書いたのです。

貫之はきっと、男の文字である漢字では、自分が書きたいことを十分に表現することができない、と思ったのでしょう。漢文は、記録には適しているけれど、心情の機微を描くには向いていないということで、仮名で書くことができる女性を羨ましく思

っていたのではないか。

土佐に赴任していた貫之は、任地で子供を亡くしています。海が荒れたり、海賊に怯えたりと、京へと帰る道中も、苦労が多かった。そんな心中の揺れを書くために、貫之は言葉の女装という大胆な実験をしたのです。

『土佐日記』も、日記とはいえ毎日書いたものでなく、京へ戻った後に書かれています。紀行文とも随筆とも言えそうな作品なのですが、しかし日記やら随筆やら紀行文やらといった区別は、後世の人がつけたもの。当時の人々は、

「これから日記を書こう」

とか、

「私は随筆を書くわよ」

といった意気込みをもって何かを書いた訳ではありません。今では日本三大随筆の一つと言われる『枕草子』にしても、日記的なところや随筆的なところ、紀行文的なところなどが、まだらになっています。かつては『枕草子』を日記として扱う研究者もいたのであり、フィクションである「物語」ではない文章は、何に縛られることもなく、自由な気分で書かれていたのです。

自分の心情を紙に書くことの効能に関しては、清少納言も興味深い記述を残して

います。生きているのが嫌になって、どこへでも行ってしまいたいと思っている時でも、白い紙と筆などが手に入ればすっかり気分が晴れて、「もう少し生きていてもいいかも」と思える。……という記述が、『枕草子』にはあるのです。

清少納言がその話をしたのは、中宮定子の近くに控えていた時。定子は、それを聞いて、

「ずいぶんたわいないことで機嫌がなおるのねぇ」

などと笑っていました。

しばらくして、思い悩むことがあった清少納言が、実家に戻っていた時のこと。ある日、清少納言の実家に、定子から上等の紙が二十枚も届きました。さらにそこには、

「疾く参れ」

すなわち、

「早く戻ってきなさい」

とのメッセージも。

死にたいほど落ち込んでいても、紙さえあれば「生きよう」と思うことができる、という清少納言の言葉を、定子は覚えていました。清少納言は感極まり、「千年も寿命が延びそうです」という歌で、定子に返答したのです。

清少納言がなぜ、紙さえあれば機嫌がなおるのかといえば、その紙に「書く」ことができるからでしょう。書けば心が軽くなるという事実を、彼女は熟知していたはずです。しかし当時、紙は貴重品。好きなだけ書き散らすことはできませんでした。

さらに言うなら、清少納言が「書きたい」と思っていたものは、和歌ではありません。彼女は父親が和歌の名手だったので、かえって和歌を詠むことにプレッシャーを覚えていました。決して下手ではないけれど、ある時から「私、もう和歌は詠みませんので」と、定子に宣言もしていたのです。

彼女が書きたかったのは、歌ではなく、もっと長い文。様々な技巧を凝らして決まった型の範囲内で歌を詠むよりも、自分が思っていることを自由に、書けるだけ書きたかったのです。

そのような文章を書くには、三十一文字の歌を詠む時よりも、たくさんの紙を必要としたはずです。書きたいことがあっても、紙が無いために書くことができなかった時も、あったことでしょう。彼女の中にはいつも、書きたいことがマグマのように溜まっていたのではないか。

紙が手元にあるということは、そのマグマを噴出させる場があるということでした。だからこそ彼女は、紙さえあれば「生きよう」と思えたのです。

日記と名付けられている作品の中には、やや毛色の異なるものも存在します。たとえば、『紫式部日記』。これは、時の権力者である藤原道長からの命を受けて書かれたものとされています。道長は、紫式部が仕えていた中宮彰子の父親。彰子が初めての出産をする頃のあれやこれやを、紫式部は記録しました。

道長の邸宅である土御門殿をほめることから始まる、この日記。土御門殿には、出産間近の彰子が里帰りしていました。

彰子は、一条天皇を挟んで定子とライバル関係にありましたが、定子亡き後は、彰子の時代に。しかし彰子はなかなか子供に恵まれなかったので、道長の心配は募ったはずです。

そんな中で彰子にやっと男の子が生まれたのですから、道長の喜びは、いかばかりのものであったか。男の子が生まれたということは、道長にとっては将来、自分の孫が天皇の座につく可能性が強くなったということ。実際、その時に生まれた御子は後に後一条天皇となったのであり、彰子の出産は、道長の人生の中で、極めて重要な場面でした。

だからこそ道長は、自分の配下で最も筆が立つ紫式部に、そのシーンを描かせたのでしょう。すなわち彼女は、今風に言うならルポルタージュのようなものを依頼されたことになる。

彰子の出産に際して物の怪(もののけ)を調伏する様子や、出産後の様々な儀式、控えていた女房達の顔ぶれや服装など、確かにルポルタージュ的な要素を、『紫式部日記』には見てとることができます。道長の様子を賞賛する記述もあり、発注主への配慮もしっかりなされているのは、さすが紫式部。

しかしそれだけでは終わっていないのが、この日記の面白いところです。センスの悪い女房や、年をとった女房への悪口も書かれていれば、「大斎院」と呼ばれて強い存在感を誇っていた選子のサロンへの強いライバル心をむき出しにしているところも。

のみならず、紫式部の「悪口」として最も有名なのが、清少納言に対する記述です。和泉式部や赤染衛門に対しても、褒めているようないないような微妙な言葉を記していますが、清少納言に対しては、褒めの要素は一切ない激烈な悪口雑言を書き連ね、「ああいう人はロクな死に方をしない」といったことまで書いていますので、よほど清少納言が嫌いだったことがわかります。

昔はこれを読んで、「紫式部、怖い……」と思ったものでした。

「私は清少納言のように知ったかぶりはしない。親には『お前が男だったらなぁ』と言われたくらい、子供の頃から才気にあふれていた私だけれど、人前では何もわからないフリをしているのよ。だから周囲の人からは、『あなたはもっと気取った人なのかと思っていたけれど、実際に会って見るとおっとりしているのねぇ』なんて言われるの！」

といった紫式部の主張を読むと、こういう人が友達だったら気を遣うだろうなぁ、と思えたのです。

しかし最近は、紫式部に対する同情のようなものも、湧いてくるのでした。人一倍賢く、観察眼にも優れているからこそ、他人のアラも目についてしまう紫式部。しかし彼女は、他人の前ではおっとりしているフリを続けていましたから、悪口を言い散らすわけにもいきませんでした。

紫式部は和歌にも物語にも才能を発揮しましたが、両方とも、自分の心情をそのまま表現するための手段ではありません。さらに彼女は、「他人から賢いって思われたいけれど、自分が賢いことのアピールはしたくない」といったジレンマを抱える〝ええ恰好しい〟でもあって、腹の中はどれほどネバついていたことか。

清少納言は、自慢話も悪口も躊躇なく話したり書いたりして、さぞやスッキリしていたことでしょう。紫式部はそんな彼女を実は羨ましく思っていたのかもしれず、その日記の中で、「ちょっと言いすぎなのでは？」と思えるほどの悪口を書いたり、「私は自慢なんてしません」宣言をする一方で自慢話を書いているのも、そのせいなのではないか。

壮大な物語を書き終えた後に「日記」を手がけた時、彼女は物語を書いている時は味わうことのなかった爽快感を覚えたのではないかと、私は思います。ずっといい子として生きてきたけれど、自分の心情をあるがままに表現する快感に目覚めた時に、心のタガが外れてしまったのではないでしょうか。完璧な物語を完成させた紫式部の人間らしい部分が漏れ出ているのが彼女の日記なのであり、そんな彼女が少し可愛らしくも思えてくるのです。

千年後の今は、日記代わりにSNSに心情や出来事をアップする人も多いものです。他人に読まれることを前提にして書くという部分は、『紫式部日記』のように、発注主が存在する日記と、似ているのかもしれません。

道長に誘われたこともある紫式部は、「私はこんなに優秀で健気（けなげ）なんです」「でも清少納言はこんなに嫌な女」と道長にアピールする気持ちで、感情をオーバーに書いてしまったのではないか、とも私は推察しています。彼女の日記が思いのほか読み継がれたため、その後千年にわたって「紫式部、怖い」という印象を残してしまったのは、計算違いだったことでしょう。

そんなわけで今、SNSに書いたことが、思いのほか多くの人に読まれるのみならず、意外に長い間読み継がれる、という可能性も、なくはない。ネット上であっても、「この文が、千年後も読まれ続けるとしたら」と頭の隅で考えながら日記的な文章を書いてみた方が、いいのかもしれません。

13『平家物語』哀しみの舞台へ
——祇王、小督、大納言佐、建礼門院徳子

祇王寺
滝口寺
トロッコ嵐山駅
嵯峨嵐山駅
JR山陰本線
嵯峨野観光鉄道
琴きき橋跡
京福嵐山本線
小督塚
嵐山駅
MUNI KYOTO
桂川
渡月橋

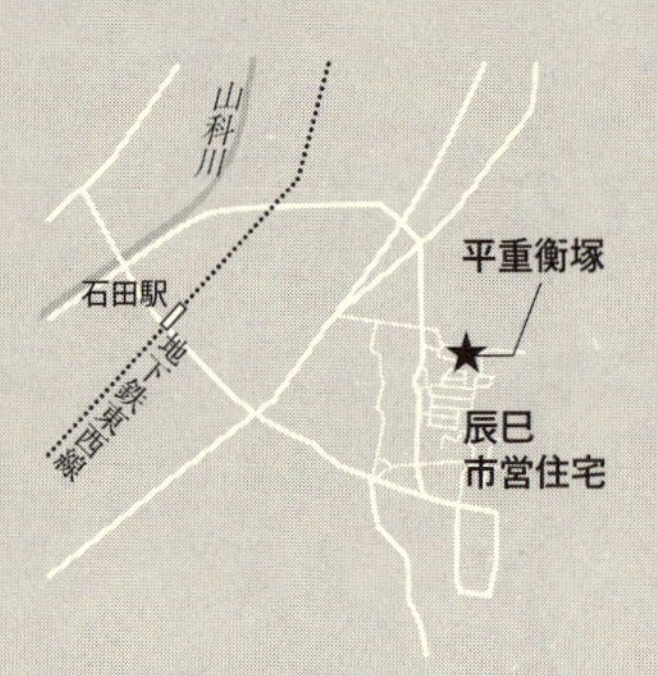
山科川
石田駅
地下鉄東西線
平重衡塚
辰巳市営住宅

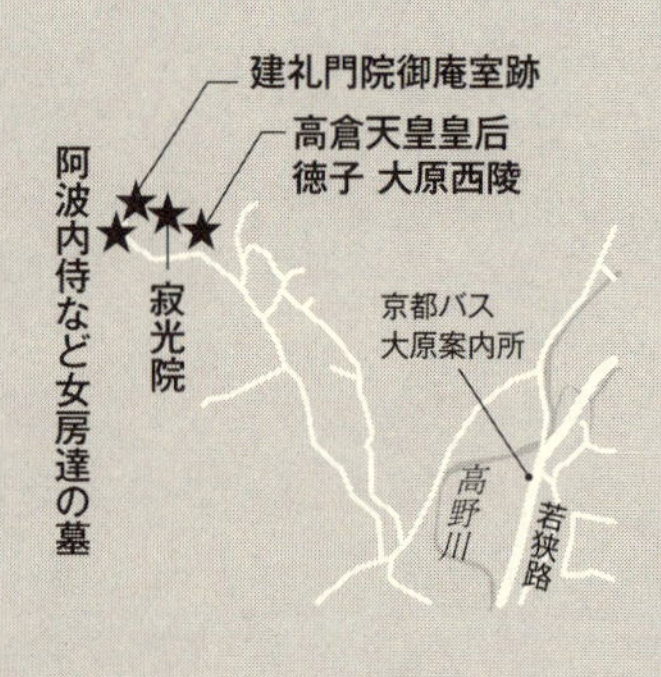
建礼門院御庵室跡
高倉天皇皇后
徳子 大原西陵
阿波内侍など女房達の墓
寂光院
京都バス
大原案内所
高野川
若狭路

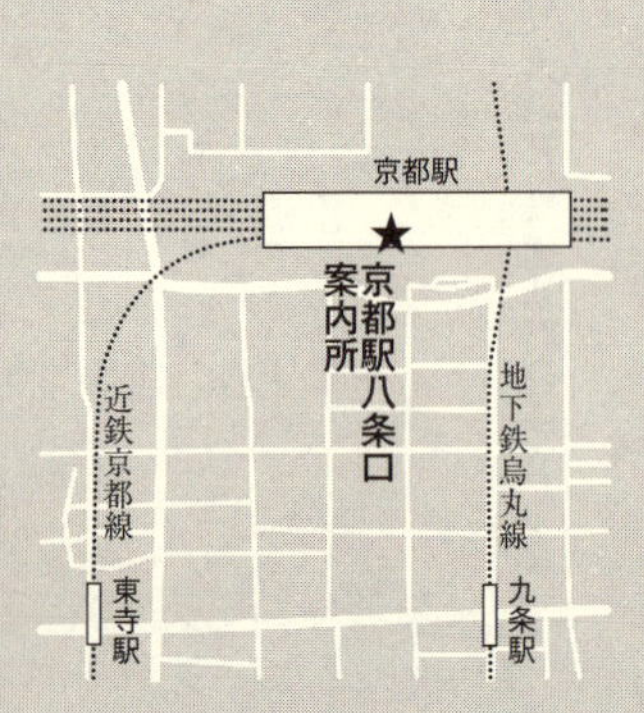
京都駅
京都駅八条口
案内所
近鉄京都線
地下鉄烏丸線
東寺駅
九条駅

コロナ時代となって以降、行くことが叶わなかった京都。数か月間、気持ちだけが京都へと飛んでいく日々を過ごしましたが、久しぶりに我が身を運んでみることにしました。

新幹線ホームのお弁当屋さんが閉まっていたり、車内がガラガラであったりという様子を目にすると、事態の深刻さを改めて実感します。京都に到着しても、下車する人はパラパラといる程度。

私は今回、『平家物語』に登場する女人達ゆかりの地を訪れようとしています。二〇二〇年の初めまでは、国内外の観光客でいつもごった返していた京都駅新幹線乗り場の現在の静寂を見れば、

「祇園精舎の鐘の声、諸行無常の響あり」

との文が脳裏に浮かぶかのよう。旅をするということも、決して「常」ではありません。

最初の目的地である嵯峨野へと向かう前に、まず駅構内の史跡を訪れました。現在の京都駅の東側は、平安末期から鎌倉初期にかけて権勢を誇った八条院という女性が住んだ邸宅の跡地。八条口を出てすぐのところにある案内所の中に、八条院について解説するプレートが掲げられているのです。

八条院とは、鳥羽天皇と美福門院の間に生まれた暲子内親王のこと。両親から広大

な領地を受け継いだ彼女は、人望が厚い上におふくろ気質というか親分肌というか、その手の性質の持ち主であり、多くの人を自身の邸宅に住まわせて、庇護していたのです。

有名な歌人である姪の式子内親王も身を寄せていたことがある八条院に思いを馳せつつ、しばしプレートを眺めた後、JR嵯峨野線に乗って、嵯峨嵐山駅で下車。本書ではこれまでもこの駅にしょっちゅう降り立っている気がしますが、京の中心から離れたこの辺りは、様々な事情を抱えた女性達が身を潜めやすい場所であったようです。

向かったのは嵯峨野の奥、かつての葬送の地である化野近くにある、祇王寺。『平家物語』は、平家の隆盛から敗北までを描く長い物語ですが、その最初の方、平清盛が最も勢いに乗っていた頃に登場する「祇王」という女性のゆかりの地です。

平安時代末期、平家は保元・平治の乱などで力を示すことによって、勢力をのばしました。清盛が太政大臣となり、平家でなければ人にあらず、というほどの勢いだった頃の話から、『平家物語』は始まります。

祇王は、清盛お気に入りの白拍子でした。白拍子とは、平安末期から鎌倉時代に流行った芸能であり、その演者も「白拍子」と言われていました。女性が男性の衣装で男舞を舞ったということですから、今で言うなら宝塚の男役のような、そして華やかなアイドルのような存在感であったのか。清盛からの寵愛を一身に受けた祇王は、京中の白拍子から羨望されていました。

しかし加賀国から出てきた十六歳の白拍子「仏」の登場によって、祇王の運命は激変します。当初、新参者の仏を清盛は冷たくあしらい、祇王はそんな仏をかばっていました。ところが仏の舞を見た途端、その若さや美声に清盛は悩殺され、祇王は清盛の許から追い出されてしまうことに。

悲嘆に暮れた祇王は、出家の道を選びます。母と妹と共に山里に庵を結び、念仏の日々を送ったというその場所が、今の祇王寺とされているのでした。

祇王寺の門をくぐると、天鵞絨のような苔が波打つお庭が広がっています。丁寧に手入れされていることが一目でわかる苔の絨毯に、木漏れ日の濃淡。時節柄、人影はまばらであり、静寂の中で奥嵯峨の緑に包まれていると、祇王達がいた頃も同じような静けさだったのではないかと思えてきました。

祇王達がこの地で念仏三昧の日々を送っていると、ある晩、竹の編み戸を叩く音が聞こえてきました。こんな所まで誰が、と出てみると、そこにいたのは仏。

仏は既に、出家を遂げていました。自分がいくら清盛に寵愛されたとて、それも一時だけのこと。どうか一緒に住まわせてくださいと頼む仏を、三人は迎え入れたのです。

祇王と仏にまつわるエピソードは、清盛の横暴と傲慢を示すため『平家物語』に挿入されたのでしょう。彼女達の人生は、今風に言うならばシスターフッドの力によって、救われることとなりました。この頃の女性達が男性の庇護なしに生きていくのは困難でしたが、出家というカードを切ることによって濁世から足抜けすることは可能だったのであり、嵯峨野はそんな女性達を優しく迎え入れたのです。

祇王寺の隣には、やはり『平家物語』に登場する「横笛」ゆかりの滝口寺がありま す。そちらも巡ってから南に少し下がり、嵐山・渡月橋のたもとへ。

渡月橋界隈といえば、この辺りでも随一の人気スポットであり、いつも押すな押すなの人通りです。しかし今はすいすいと歩くことができ、土産物店の中にはシャッターを閉めているところも散見されました。

この辺りは、「小督」ゆかりの地。小督もまた、清盛から虐げられた女性です。清盛の娘である徳子（建礼門院）は高倉天皇の中宮でしたが、その高倉天皇が見初めたのが、絶世の美女であり、琴の名手でもある小督でした。清盛からすれば、帝の寵愛が小督に移れば、自身の娘である徳子の立場が不利になります。のみならず、高倉天皇に召される前の小督を愛したのは藤原隆房という男性であり、清盛は別の娘を隆房に嫁がせてもいました。すなわち清盛は、二人の娘の夫を小督に奪われたのです。

清盛に憎まれた小督は、嵯峨野に身を隠します。最愛の小督を失った高倉天皇は悲嘆に暮れ、近臣の源仲国に、小督の捜索を命じるのでした。

仲国は、小督を捜して嵯峨野をさんざ巡ったものの見つからず、もう諦めようかと思ったところに流れてきたのが、聞き覚えのある琴の音。音を頼りに、小督を見つけだした……というエピソードから、渡月橋の北詰近くには「琴きゝ橋跡」との文字が彫られたモニュメントや「琴きき茶屋」があるのです。

小督のエピソードは謡曲にもなっており、ほど近い場所には「小督塚」も。塚を眺めていると、そのすぐ前に何やら新しくラグジュアリーな建物ができていました。見ればMUNI KYOTOというホテルであり、「アラン・デュカス」の名を冠したレストランがあったのでついひき寄せられると、大堰川を見渡すことができる場所でお茶を飲むことができるようです。

そこで洒落たフランス菓子を食しながら思いをいたしたのは、小督のその後です。仲国によって発見された小督は、密かに帝の許に戻りました。人目につかない所に匿われ、やがて内親王を産むのですが、彼女の存在は清盛に知られてしまうことに。その結果、清盛によって出家を余儀なくされた小督、時に二十三歳。再び嵯峨野の辺りに住んだものの、ほどなく命を落とすことになります。

祇王や仏、そして小督は、権力者から愛されることによって、悲劇的な運命に巻き込まれてしまいました。大堰川を眺めつつフランス菓子の甘さを味わった私ですが、今までどれほど多くの女性が、この川を眺めつつ苦い涙を流したことか。愛されることが幸福であるとは、限りません。

嵯峨野は京の西郊に位置しますが、次は一気に東南まで行きましょう。嵐山から嵐電に乗って、天神川駅で地下鉄東西線に乗り換え。洛中の地下を突っ切り、終点の六地蔵駅の一つ手前、石田駅で下車します。ここ伏見区は京都市の南端に位置し、団地が多く建ち並ぶ郊外住宅地の様相を呈していました。

私が向かおうとしているのもとある団地なのですが、地元の方は自転車移動が多いらしく、バスの便は悪い。タクシー乗り場もなく、懸命に手をあげてタクシーを止め、辰巳市営住宅という団地へ向かいました。

日野と言われるこの辺りは、『平家物語』の中でも私の好きな場面の舞台となっています。我が世の春を迎えていた平家も、清盛亡き後は源氏に押されて西国におち、壇ノ浦において滅亡するのは皆さんご存じの通り。そして壇ノ浦の戦いの前に行われた一ノ谷の合戦において源氏に生け捕りにされたのが、清盛の五男である平重衡です。

重衡は鎌倉の源頼朝の許に送られた後、伊豆に幽閉されますが、平家の滅亡後は南都つまり奈良の興福寺や東大寺の衆徒達から、「重衡をこちらに寄越せ」との声が届きます。重衡はかつて、源氏側についた南都の寺々を焼き落としていたのであり、その恨みをはらさんがためでした。

伊豆から奈良へと送られる途中、重衡が懇願して立ち寄ったのが、日野でした。重衡の妻である大納言佐が、この地にいたのです。

大納言佐は安徳天皇の乳母であり、夫が捕らえられた後も、帝について西へ行きました。壇ノ浦で安徳天皇は、建礼門院の母であり清盛の妻である平時子に抱かれて、海の藻屑と消えます。大納言佐も共に入水したものの源氏の武者に引き上げられ、その後、日野の姉のところに身を寄せていたのです。

重衡は、一目妻に会うため、この地に立ち寄りました。重衡は有能な武将であり、かつ華のある人でもあったので、たいそうな艶福家だったのだそう。しかし奈良で処刑される前に彼は、妻に別れを告げたかった。重衡夫妻の久しぶりの、そして最後の邂逅は、涙無くしては読むことができない場面です。琵琶法師がこの場面を語る時も、さぞ人々の涙を誘ったことでしょう。

そんなドラマティックな人生を送った重衡の塚は今、団地という日常性を象徴するかのような建物に囲まれて、ひっそりと立っていました。晩夏の午後、周囲に人影は全く見えません。

平家の時代が続いていれば、重衡夫妻は京で華やかな日々を送っていたであろうに……などとしんみりしていると、そのしじまを破ったのは、

「へえ、ここにこんなモンがあるの、知らんかったワ。ひょっとしてお客さん、レキジョ？」

という、待ってもらっていたタクシーの運転手さんの声。私も一気に日常に引き戻され、「レキジョ……なのかな？」などと考えながら、地下鉄の駅へと戻ることにいたします。

翌日は地下鉄烏丸線の終点である国際会館駅前からバスに乗って、大原へと向かいました。高野川沿いの国道を走るバスの窓から見えるのは、緑豊かな景色。北へと向かうこの街道は、さらに進めば若狭へと至る、いわゆる鯖街道の一つです。

日野で夫に今生の別れを告げた大納言佐は、その後、建礼門院徳子と共に、大原に来ています。建礼門院は壇ノ浦で入水しながらも助けられて京に戻り、落飾。大納言佐や阿波内侍といった女房達数人と共に、大原の尼寺である寂光院の傍らに、小さな庵を結んだのです。

大原は嵯峨野よりも京の中心から遠く、さらに本気度の高い隠遁の地という感じが

します。岩倉から八瀬、八瀬から大原へと進む車窓風景も、「鄙（ひな）」の雰囲気が色濃い。

『平家物語』の最後には、建礼門院の大原での日々が記されています。清盛の娘であり、高倉天皇の中宮であり、そして安徳天皇の母であった建礼門院は、全てを失ってこの地で質素な生活を送っていました。ある時、後白河（ごしらかわ）法皇がこの地を訪れると、建礼門院が大納言佐と共に柴（しば）や山菜、花を摘んで山から下りてきたところだったのであり、法皇はその姿に涙を禁じ得ません。

バス停から寂光院へと向かう道は、「大原女（おはらめ）の小径（こみち）」と名付けられていました。大原女とは、木綿の着物をからげ、頭に柴を乗せて京まで売りに来た女性達のことですが、そのスタイルは阿波内侍の姿がルーツだという説も。

バス停から十五分ほど歩いた山あいに、寂光院はあります。現在も尼寺である寂光院では、丁寧にお庭の掃除をしているのもまた女性達なのであり、まるで現代の大納言佐か阿波内侍か、という感じ。そして山道からは、花を手にした建礼門院が下りてきそうでもあります。

門前の漬物店では、大原の名物であるしば漬けが売られていました。地元の人々から献上された漬物の味に感銘を受けた建礼門院がその名をつけたのがしば漬け、という話もあるのだそう。

しば漬けを一袋求め、傍らの樽に溜められた湧き水に手をつけてみると、夏というのに驚くほどの冷たさでした。建礼門院が使ったという井戸の遺構も近くにはあって、ということは同じ水に、院も手を浸したのかも。夏は気持ちが良いこの水も、冬は痛いほどに感じられたことでしょう。

建礼門院は平家の人々の菩提を弔いつつこの地で月日を過ごし、やがて病を得て、女房達に見守られながら生涯を閉じました。寂光院の隣には、建礼門院が眠る大原西陵が。ほど近くには陵を守るかのように、女房達の墓があります。

徳子は、母・時子から、「あなたは、生きて平家の人々の来世を祈るように」と言われていたと、『平家物語』には記されています。安徳天皇と共に入水したのが徳子ではなく時子だったのは、そのせいもあったのか。しかし壇ノ浦で生き残った平家の男達が処刑され、あるいは遠流となった世において、建礼門院は一人死に後れたことを思わぬ日はなかったことでしょう。

寂光院の梵鐘は、その名も「諸行無常の鐘」でした。若い頃、私が初めて寂光院に来た時は「無常」の意味などわからなかったけれど、今となっては無常という言葉は、ほとんど人生の相棒。鐘の声が、蟬時雨と共にどこからか聞こえてくるような気がしたのでした。

14 鎌倉時代の旅する女達——阿仏尼、後深草院二条

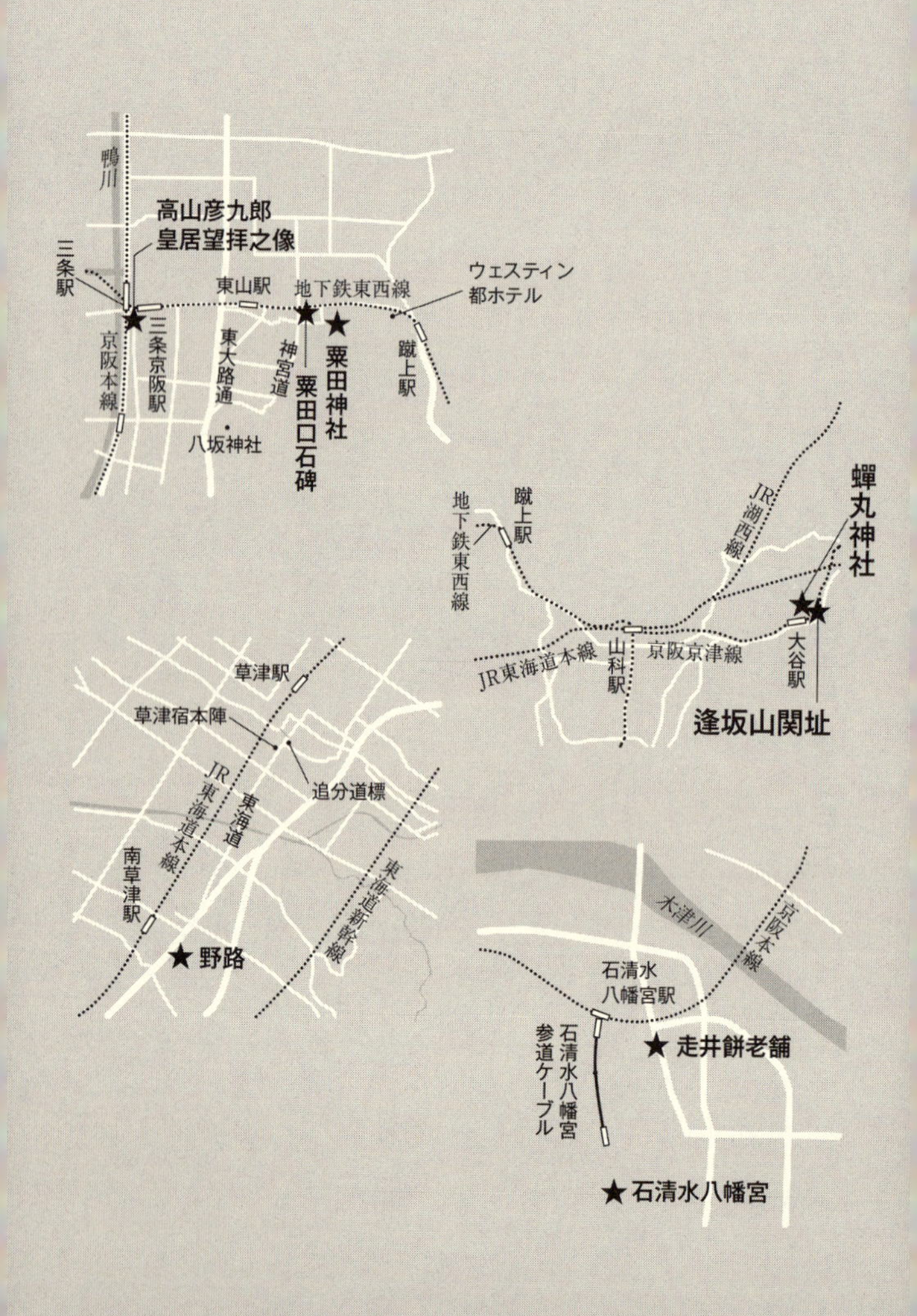

鴨川
高山彦九郎
皇居望拝之像
三条駅
東山駅
地下鉄東西線
ウェスティン
都ホテル
京阪本線
三条京阪駅
東大路通
神宮道
粟田神社
粟田口石碑
蹴上駅
八坂神社
地下鉄東西線
蹴上駅
JR湖西線
蝉丸神社
山科駅
JR東海道本線
京阪京津線
大谷駅
逢坂山関址
草津駅
草津宿本陣
追分道標
JR東海道本線
東海道
南草津駅
東海道新幹線
野路
木津川
京阪本線
石清水
八幡宮駅
石清水八幡宮
参道ケーブル
走井餅老舗
石清水八幡宮

鴨川にかかる三条大橋といえば、待ち合わせスポットとして有名な高山彦九郎の銅像、通称「土下座像」が思い浮かびますが、反対側の西詰には、小ぶりな弥次さん・喜多さん像がちんまりと佇んでいるのでした。

東海道の西の起点が、三条大橋。江戸から来た弥次さん喜多さんは、京のみやこに到着して、さぞ嬉しかったであろうことを、像の表情が物語っています。

今回はまず、鎌倉時代の京都に生きた阿仏尼という女性の足跡をたどろうと思っている私。一二二〇年頃に生まれたとされる阿仏尼は、安嘉門院等に仕える女房でした。彼女はいくつかの日記を残していますが、そのうちの一つ『十六夜日記』は、京都から鎌倉への旅について記しているのです。

阿仏尼が生きた時代には、まだ三条大橋はかかっていませんでしたが、東国へと旅立つ旅人の気分を味わうべく、私は橋を渡って出発とします。鴨川から東側は、当時の感覚で言えば洛外。この辺りは、奈良時代から粟田氏が本拠としていたということで、粟田の地名が残っています。

『十六夜日記』によると、阿仏尼の旅立ちは十月十六日でした。「粟田口といふところよりぞ、車は返しつる」とあるので、牛車に乗ったのはこの辺りまで、ということになる。

粟田口の石碑は、三条通から神宮通を南に下がったところにありました。三条大橋からまだ一キロほどしか歩いておらず、「もう牛車を降りてしまったの？」と思いますが、牛車が通ることができる道は、昔は京の近郊しか整えられていませんでした。また粟田口より先は、逢坂へ向けて上り坂になります。牛車にとっては、この辺りが限界だったのでしょう。

粟田口の碑から少し先には、粟田神社があります。かつて旅人が道中の安全を祈ったというこの神社、今はさぞやひっそりとしているに違いない。……と鳥居をくぐると、数組の、それも一種の共通したムード漂う参拝客が。何でもこの地には平安時代末期から、刀鍛冶が多く住んでいたのだそうで、今は『刀剣乱舞』の聖地になっているということではありませんか。神社にいたのは〝刀剣御朱印巡り〟の人々だったのです。

時代とともに神社の役割も変化するようですが、阿仏尼はきっと、粟田神社で旅の成功を真剣に祈ったことでしょう。それというのも彼女は、単なる物見遊山のためではなく、訴訟のために鎌倉へと向かったから。

阿仏尼は、なかなかに熱い性格の持ち主だったようです。若き日のことを書いた日記『うたたね』には、恋に破れて夜中に突如、出奔する様子も書かれているのでした。

その後、彼女は一度結婚したものの離別。三十二歳の頃には、二十歳以上年上の藤原為家と結婚して、四人の息子を産みます。

この関係は、彼女をおおいに満足させたように思います。それというのも為家の父はかの藤原定家、祖父は俊成。和歌の名門である御子左家の息子と結婚したことを誇りに思う様子が、『十六夜日記』からは読み取ることができるのです。

しかし為家の死後、トラブルが発生します。為家と他の女性との間に生まれた息子と、阿仏尼の息子との間で、為家が持っていた荘園の所有権を巡って争いに。阿仏尼は自身の息子に荘園を遺すべく、訴訟のために鎌倉へ旅立ったのです。時に阿仏尼、五十八歳。

恋愛に対して熱い思いを持っていた彼女は、息子への情愛においても熱いのでした。この時代、親が子を愛するあまり理性を失う様を「心の闇」と表現しましたが、彼女もまた自身の心の闇には、自覚的であったようです。だからこそ彼女は粟田神社にて、旅の安全のみならず、訴訟の勝利をも祈ったのではないか。

粟田口からさらにずっと東へ向かい、逢坂山を上ったところにあるのが、山城国と近江国の境である逢坂の関です。関趾を訪れるべく、私は三条通に面したウェスティン都ホテルの先の、蹴上駅へ。京阪京津線へと乗り入れる地下鉄東西線に乗車しました。

列車は、御陵(みささぎ)駅で東西線と別れ、地上に出ます。追分(おいわけ)駅を過ぎると線路が上り勾配になり、逢坂山に入ったことがわかります。無人駅の大谷(おおたに)駅で下車すると、目の前は旧東海道であり、琵琶湖方面へ歩いてすぐにあるのが、蟬丸(せみまる)神社。

蟬丸といえば、百人一首の、

「これやこの行くも帰るも別れては知るも知らぬも逢坂の関」

で有名ですが、その実在は定かではない謎の僧となっています。この歌のみならず、別れたり逢ったりということを想起させる逢坂の地は、古来多くの歌に詠まれているのでした。

旧東海道が国道一号線と合流するところに、逢坂山関趾の石碑と、逢坂常夜灯(じょうやとう)がありました。歴史の中で、有名無名を問わず多くの人々が、京の玄関口であるこの辺りを通ったことでしょうが、今は目の前の国道一号線をトラックや自動車が轟々(ごうごう)と走るばかり。歩く人の姿は、見当たりません。

阿仏尼は逢坂を越えて、野路(のじ)へ向かいます。野路はこの時代の宿駅(しゅくえき)であり、今も滋賀県草津(くさつ)市には野路の地名があるのでした。せっかくなので行ってみようと、京阪からJRへと乗り換えて草津駅へ到着すると、駅前に、「叶匠壽庵」のお店を発見してしまった私。残暑の季節、逢坂山で汗をかいたので、今季最後のかき氷（梅味）を食べてから、旧東海道を歩いてみることにしました。

草津駅ほど近くを通る旧東海道には、街道筋の雰囲気が今なお残されており、楽しい散歩道となっています。中山道（なかせんどう）と東海道の分岐である追分道標や草津宿本陣等、様々な史跡を眺めつつそぞろ歩けば、三十分ほどで野路町に到着しました。

野路とは、野中の路との意。阿仏尼は、

「野路といふところ、来し方行く先、人も見えず、日は暮れかかりていともの悲しと思ふに、時雨（しぐれ）さへうちそそぐ」

と書いていますので、当時はさぞ寂しい地だったのでしょう。落ち着いた住宅街である今の様子からは想像もできませんが、これから先の道中への不安が募ったに違いありません。

阿仏尼はこの後、二週間ほどかけて鎌倉に到着しました。結果から言えば、訴訟には勝利し、我が子に荘園を遺すことに成功。しかし彼女がその判決を見るまで生きていることができたかどうかは、はっきりとわかっていないのでした。

阿仏尼と同時代に、もう一人、旅する女人が京都におりました。後深草院二条（ごふかくさいんにじょう）という名で知られる彼女は、その名前にある通り、後深草院に仕えた女房、でありつつ愛人というのかパートナーというのか、性のお相手も務めていたのであり、その詳細は彼女の日記『とはずがたり』に記されています。

『とはずがたり』は、前半と後半で書かれていることがガラリと異なる日記です。前半は、後深草院をはじめとした、様々な男性と二条との交わりが描かれた、若き日の愛欲編。後半は、二条が出家した後、日本のあちこちを巡った紀行編。

様々な相手と性愛関係を結び、様々な場所へと旅をした、二条。その運命のあまりの激しさに、『とはずがたり』には虚構も混じっているのではないか、ととる向きもあるようです。しかし私は「ここまで極端な話が連続する物語があったなら、かえって嘘くさい」と思うので、現実説をとる者。というか、現実だと思いたい。

幼い頃から後深草院の御所に出入りしていた二条は、十四歳で院と「して」しまいます。時に院、二十九歳。二人の関係に、光源氏と若紫を思い起こす人は多いことでしょう。しかし二条には、「雪の曙」(西園寺実兼)という恋人がいます。のみならず、彼女はよほど魅力的であったのか、後深草院の弟である「有明の月」という阿闍梨や亀山院等々とも次々と関係を結び、時には妊娠してこっそりと子供を産んだりしているのです。

ちなみに「有明の月」は、仏に仕える身でありながら、いったん二条と関係を持つと、どうにも我慢が利かなくなってしまいます。挙句、疫病が流行っているのに二条に会うべく出歩いて、感染して他界。以前にご紹介した、和泉式部の元彼・為尊親王にしてもそうですが、女性に会いたいという気持ちは、流行り病の恐怖をも凌駕するようです。

いわば二条は、魔性の女なのでした。時には院が画策して二条を男性にあてがうようなことがあったり、また院が別の女性と褥を共にする時に、二条が立ち会うようなこともあった模様。院と二条は、常人には計り知れないエロティシズムで繋がっていたようです。

しかし二条は、院の正妻の嫉妬に遭うなどして、院の御所からの退出を余儀なくされるのでした。上司であり家族であり愛人のような存在である院を失った二条は、既に親も亡く、後ろ盾の無い身。全てを失った彼女は出家し、東国への流浪の旅へ出ることにするのです。

二条が旅立ったのは、三十二歳の時でした。人生の早い時期から、どろりとした男女の関係にどっぷりと浸かって来た彼女としては、京から逃げたいという気持ちを、持っていたのかもしれません。

「もう戻って来られないかもしれない」と思いつつ旅立った彼女も、まずは逢坂を通ります。それは、阿仏尼が逢坂から鎌倉へと向かった十年後のこと。二条は逢坂にて、「蝉丸の住みかの跡すら、もう残っていないのね」などと思っているのでした。

二条もまた鎌倉を訪れており、そこで鶴岡八幡宮を見ています。八幡宮は源氏の氏神であり、村上源氏の血筋である彼女が鶴岡八幡宮に参れば、思い出すのは男山。男山とは、山城国の石清水八幡宮がある山です。彼女にとって、八幡宮といえば石清水であり、源頼義が石清水から八幡神を勧請して建てた鎌倉の八幡宮は「新八幡」なのです。

鎌倉にはしばらく滞在し、さらには善光寺、浅草などを巡った二条は、体調を崩して、京へ戻りました。しかし久しぶりに京都に戻っても何だか煩わしく、すぐに奈良の旅へ。その帰りに立ち寄ったのが、石清水八幡宮でした。

するとなんと、同じ時に後深草院も、石清水八幡宮を訪れていたではありませんか。時に二条、三十四歳。院は六十歳近くになっていました。院も、既に出家の身（ですので、本当は「法皇」ですが「院」を続けます）。かつては自身の御所から二条を追放したものの、やはり彼女のことは忘れ難かったのでしょう。二人は夜通し話をし続けるのでした。その後、院が「肌身から離さないように」と二条に形見の小袖を与えると、彼女は早速、その小袖を衣の下に着るのです。

恩讐と愛欲とを超えて、二人が再会を果たした地・男山へ、私も行ってみることにいたしましょう。三条京阪駅から京阪線に約三十分ほど揺られ、石清水八幡宮駅に到着。八幡宮まで男山を登るつもりでいたのですが、あいにくこの日は激しい雨。男山ケーブルについ、乗車してしまいました。

雨の平日ということで他に乗客はなく、山上に着くと、そこは霧に包まれた幽玄の世界。下界とは異なる空気に包まれていました。この山中のどこかの坊で、院と二条は一晩、語り明かしたものと思われます。

平安京の鬼門を守護するのが比叡山延暦寺であり、裏鬼門を守るのが石清水八幡宮です。平安初期に、行教という僧が豊前の宇佐八幡宮で御託宣を受け、八幡神を男山に勧請したのが、その起源となっています。

神秘的な靄の中を進むと、八幡造りの御本殿が現れました。国宝に指定されている丹塗りの御本殿に、まずは参拝します。

石清水八幡宮で後深草院との再会を果たしてから十余年が経った頃、二条は後深草院が重い病にかかったとの報せを受けました。とはいえ院を訪ねる訳にもいかない身の上の彼女は、石清水八幡宮に籠って、「武内の御千度」、すなわち摂社の武内社において千回、院の快癒を祈りました。

院のために二条が必死に祈った武内社とは、どのような所なのかと探してみましたが、案内板にもその文字は見えません。神職の方にうかがってみると、武内社は摂社と言っても、御本殿を囲む瑞牆の内にあるということなのでした。特別に案内していただくと、内殿と外殿とに分かれた本殿の、内殿と軒を接するようにして、広さ六畳ほどの小さなお社がありました。ほとんど御本殿と一体化して見える特別な摂社が武内社であり、御本殿と共に国宝に指定されています。

武内社にお祀りされているのは、武内宿禰。古代、景行天皇から五代にわたって天皇に仕えたと言われる人物であり、三百年以上生きたという所から、延命長寿の神とされているのでした。だからこそ二条は、院の延命をここで祈ったのでしょう。

お詣りを終える頃には雨も上がり、私は歩いて下山の途へ。門前には、「走井餅」の茶店があって、当然ながら素通りすることはできません。

走井餅は、もともと逢坂の関近くにあった走井の名水で作られており、明治時代に石清水八幡宮の門前に移転したのだそう。はからずも、逢坂と石清水が餅で繫がりました。

あんこが包まれた刀型の走井餅を食しながら思い起こしたのは、院と二条の最後のお別れのシーンです。二条の祈りも虚しく、後深草院の命は、程なくして尽きてしまいます。崩御の報を聞いて院の御所へと駆けつけた二条は、人目を避けて院の御棺を待ち、御棺が出てくるや、裸足でその後を追いかけていくのでした。

様々な男性達と深い関係を結びながらも、彼女が最も深く思っていた人はやはり、後深草院でした。多くの男性に愛されながらも彼女がずっと持っていた純粋な心は、きっと後深草院にも届いていたような気がしてなりません。

15 鎌倉時代に、夫を想う——おかめ、中宮禧子

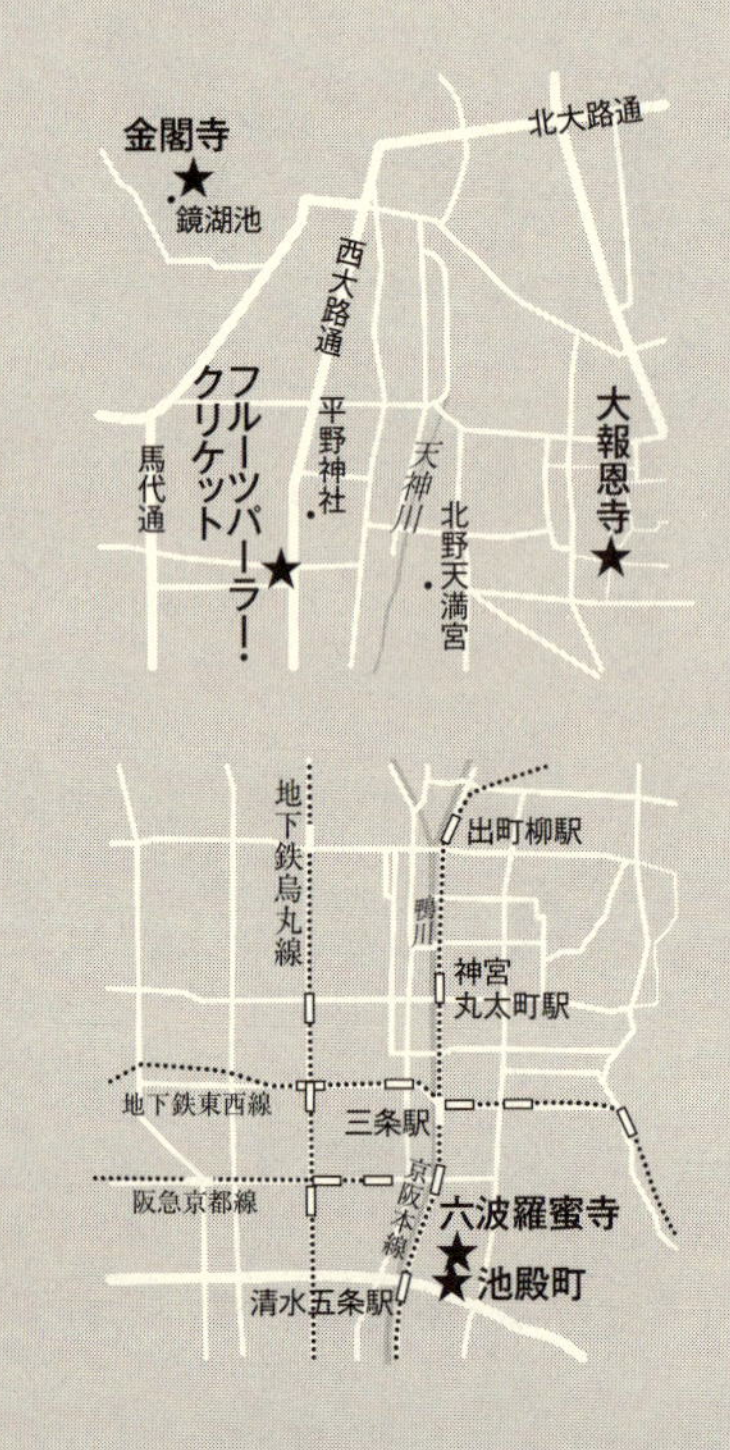

金閣寺
鏡湖池
北大路通
西大路通
フルーツパーラー・クリケット
平野神社
馬代通
天神川
北野天満宮
大報恩寺
地下鉄烏丸線
出町柳駅
鴨川
神宮丸太町駅
地下鉄東西線
三条駅
阪急京都線
京阪本線
六波羅蜜寺
池殿町
清水五条駅

多くの女性達の足跡を追ってきた本書ですが、今までどうしても皇室の女性や、その女房のことに偏っていました。一般の人々の記録が残っていないからこそなのですが、今回はちょっと箸休め的に、庶民的な女性ゆかりの地からスタートしましょう。それは西陣の、大報恩寺。糸偏産業の家々が並ぶ中に静かに佇むこのお寺は、鎌倉時代初期の創建であり、千本釈迦堂とも言われています。

この寺には兼好法師もしばしば訪れていた様子が、『徒然草』に記されているのでした。なんと創建当時の本堂が現存しているのであり、京都市最古の木造建築として、国宝に指定されています。応仁の乱において西軍の陣地であったことから「西陣」の名が残るこの一帯ですが、千本釈迦堂は、京都が壊滅的被害を受けた応仁の乱でも、奇跡的に焼け残りました。本堂に上がってお参りをすれば、当時の参籠気分を味わうことができるのであり、外に向かって押し開ける半蔀から、兼好法師も外を見ていたのかも……。

本日の私のお目当ては、この本堂の建設とも深く関わっている「阿亀」、すなわちおかめという女性です。境内には堂々たるおかめの像が鎮座しているのですが、この女性は、大報恩寺の造営を依頼された高次という棟梁の妻なのでした。

本堂を造っている最中、高次は一本の柱を、誤って短く切ってしまいます。悩む夫

を見かねたおかめが、夫のために祈っていると、

「斗栱（柱の上の木組み）を施すように」

との天啓が。夫にその旨を提言した結果、見事に本堂が完成しました。

しかしおかめは完成を見届けると、自害してしまいます。妻の助言で完成したと思われるのは夫の恥だということで、夫の名声のため、命を捧げたのです。

何たる烈婦、と思うのですが、おかめさんはとても円いお人柄だったようで、その像も愛嬌のある下ぶくれのお顔で、優しく微笑んでいるのでした。本堂には様々なおかめ人形が集められた一角もあるのですが、どのおかめさんもユーモラスな存在感。おそらく皆に好かれる人だったのでしょう。

没後のおかめさんは、家内安全や建築工事の安全を願う人々からの信仰を集めるようになりました。京都では、上棟式の時に使用する御幣におかめのお面がついているそうですが、それもおかめさんと建築に深い関わりがあるから。私が行った時は、京都の建築業者の組合の法要が翌日に開催されるとのことで、その準備が行われていました。おかめさんの遺徳は今も、建築の世界で語り継がれているのです。

しかし自分だったら、夫の名誉のために命を捧げられるかしらん。いやその発想は無いな。……などと思いつつ、千本釈迦堂からぶらぶら歩いて、西へ。北野天満宮、

平野神社の脇を通って、西大路へ出ました。私はこれから金閣寺へ行こうと思っているのですが、その前に少し糖分の補給をしたくなり、平野神社前の交差点に佇むフルーツパーラー「クリケット」へ。

柑橘類をくりぬいて作られたゼリーが有名なお店なのですが、小腹が空いていた私は、フルーツサンドを選択します。かねて私は、京都には果物屋さんが多いような気がしており、それと言うのも贈答文化が発達しているせいなのかもしれません。何かにつけて贈り物をし、またその返礼も欠かせないという京都であるからこそ、果物が重用されてきたのではあるまいか。……と思いつつ、果物ぎっしりのサンドイッチを堪能しました。

西大路を北へ向かえば、金閣寺。久しぶりにこの地へやって来た……と思っていると、入り口付近では警備員さん達が何やら叫んでいます。今は屋根の葺き替え工事が行われているため、舎利殿（金閣）はカバーで覆われて見ることができないですよ、ということのようです。

それを聞いて引き返す人もいましたが、私の目的は金閣ではなく北山の地そのものであったので、歩を進めました。鏡湖池のほとりまで来ると、なるほど金閣はすっかり覆われて見えませんが、その威容が写った巨大写真パネルが立てられており、それはそれで面白い光景だったのでした。

そういえば二〇二〇年は、金閣寺放火事件から七十年目。そんな時に「金閣が見えない」というのも何か因縁めいていますが、しかし私にとってはむしろ、金閣が見えない方が好都合だったのかもしれません。

足利義満（あしかがよしみつ）がこの地に建てた山荘を、義満の死後にお寺としたのが、金閣寺。しかし私が今日、ここにやって来たのは、義満が山荘を建てるよりも前、この辺りが西園寺家の所領であった頃を偲（しの）ぶためなのでした。

西園寺と言えば、前章でご紹介した『とはずがたり』の著者である、後深草院二条を思い出します。彼女の恋人というか愛人というか情人である「雪の曙」と言われる男性が、西園寺実兼でした。鎌倉幕府の意向を朝廷に伝える重要な職を世襲していた西園寺家は、当時随一の有力一族。その本拠地がこの辺りだったのであり、室町時代となった後に、足利家がこの地を譲り受けたのです。

京都にも観光客がかなり戻って来たとはいうものの、金閣を見ることができないせいか、境内に人はまばらでした。静けさの中を歩けば、青空と衣笠山（きぬがさやま）の緑が池に映えて、見事な光景となっています。池などは西園寺時代からあったそうなので、実兼もこの辺りを歩いていたのかも。

そして私は、改めて「二条って、すごい……」と、思い返していたのでした。軸足は後深草院に置きつつも、院には秘密で雪の曙こと西園寺実兼とも「して」いた彼女は、実兼の子を妊娠・出産しています。その子は出産直後に実兼が素早く連れ出して、死産したばかりの自分の妻に育てさせ、院に対しては「二条が産んだ子は死にました」と報告するという離れ業を披露しているのです。

それだけではありません。二条は、後深草院の弟である亀山院からも好意を寄せられて恐らくは「して」いたものと思われ(否、「して」いてほしい)、また別の弟である「有明の月」と言われる僧とも「して」います。兄弟三人と事に至るというのもかなりの偉業ですが、歴史を見れば、後深草院と亀山院といえば、後の南北朝に繋がる持明院統と大覚寺統に分かれた大元となった兄弟ではありませんか。後に歴史をも変えてしまうほどの亀裂が入っていた兄と弟の関係ですが、さすがは実の兄弟、女性の趣味においては共通するものを持っていたのです。

西園寺実兼は、朝廷とも鎌倉幕府とも近しく、皇位継承の決定にも大きな力を持っていました。二条は、南北朝へと向かう時代におけるキーマン達と軒並み褥を共にしていたのであり、寝物語に何を聞いていたのか……と、想像が膨らみます。

皇統が二つに分かれた後、後深草院の子孫である持明院統と、亀山院の子孫である大覚寺統の間において、交代で皇位につく時代がしばらく続きました。数年という短い在位で皇位が両統を行き来する中、大覚寺統から天皇となったのが、亀山院の孫である後醍醐（ごだいご）天皇です。

後醍醐天皇といえば、鎌倉幕府を倒して自らの手で政治の実権を握ろうとした人。私が後醍醐天皇ファンなのは、昭和の時代に活躍した「ゴダイゴ」というバンドのファンであったからのみならず、天皇家という古い家の人としては特異な進取の気性に富む人であるからなのでした。ゴダイゴにしても、後醍醐天皇がそのような人でなければ、天皇の名をグループ名にはしなかったはず。

後醍醐天皇は、金閣寺がある北山の地と縁が深い人です。それというのも後醍醐天皇の中宮は、あの西園寺実兼、すなわち雪の曙の娘だから。

『増鏡（ますかがみ）』によれば、後醍醐天皇は東宮時代、西園寺邸に忍び込み、実兼の娘である禧子（きし）を「忍びて盗み給ひて」、すなわちこっそりと連れ出してしまうという、光源氏もかくやの行動に出ています。東宮としては何とも荒っぽいやり方ですが、そのやり方には西園寺家の令嬢である禧子もグッときたに違いなく、二人は結婚。天皇即位後、禧子は中宮となったのです。

二人は仲の良い夫婦であったようで、結婚後は、西園寺邸への行幸もありました。後醍醐天皇が中宮禧子と共に、西園寺家の北山第で花や舞楽を愉しまれる様子も『増鏡』に記されていますが、それはまさに我が世の春。

しかしそのような時は、長くは続きませんでした。後醍醐天皇は鎌倉幕府に反旗を翻す計画を立てていたもののそれが幕府に漏れ、捕らえられてしまいます。後醍醐天皇が隠岐へと流されることになったのは、西園寺邸への行幸の翌年のことでした。「象徴」としての天皇を戴く状態に慣れている現代の我々は、武家政権に戦いを挑んだり流刑になったりする天皇の姿に、驚きます。が、その約百年前にも、後鳥羽上皇が鎌倉幕府の打倒を目指した結果、隠岐に流されていました。公家の時代から武家の時代になってしまったことに対する憤懣やるかたない気持ちが、この時代の帝達にはあったのではないか。

後醍醐天皇が隠岐へと流される前、中宮禧子が六波羅探題まで駆けつけて、涙ながらに帝に別れを告げた、という話も残っています。そろそろ金閣寺を後にして、六波羅へと向かってみましょう。

京都市街地の西北に位置する金閣寺から、南東の六波羅への良い移動方法が今ひとつわからず、タクシーで東に向かって出町柳駅へ。京阪電車で南下して、清水五条駅で下車しました。この駅はかつては単なる五条駅だったかと思うのですが、有名な清水寺の名前をつけることによって利用客数のアップを図ったものと思われます。地下から五条通に出たならば、清水寺に行く人は東へ直進しますが、私は途中で北に入っていくと、その辺り一帯が六波羅。

かつても私は、檀林皇后の九相図を見るべく、六波羅の西福寺を訪れました。平安初期はあの世とこの世との間的な役割を果たした六波羅は、平家が勢いを持つ時代となると、平家の邸宅が立ち並ぶ地となります。平清盛の継母である池殿(いけどの)は、六波羅の「池殿」と言われた邸に住んでいたことによる呼び名であり、今も「池殿町」という地名がこの地には残っているのでした。

時代は逆行しますが、せっかくなので池殿町も歩いてみた私。懐かしい雰囲気が漂う住宅地ですが、かつてはここで建礼門院が安徳天皇を産んだのです。

しかし平家の時代が終われば、平家の邸宅の数々は焼失し、東の勢力に六波羅が与えられました。鎌倉時代、後鳥羽上皇の挙兵によって「帝が戦を仕掛けてくるとは」と思った鎌倉幕府は、この地に六波羅探題という機関を設置。京都を警護し、朝廷を監視するのがその役割だったのであり、だからこそ後醍醐天皇は、六波羅へと連れてこられたのです。

もちろん今は、当時を偲ぶよすがとなるものは、特にありません。六波羅という地名の由来となったとされる六波羅蜜寺（ろくはらみつじ）境内に、六波羅探題跡の小さな石標が立つばかり。

中宮禧子が本当にこの地まで来て別れを告げたかどうかも、定かではありません。しかし『増鏡』には、隠岐へ向かって六波羅を出立した後醍醐天皇の一行を、大勢の人々が涙ながらに見送った様子が記されているのでした。様々な人がそこには集まっていたそうですから、当時の京都の人々は身分の高低にかかわらず、鎌倉の武家政権に対する反発と、後醍醐天皇を応援したい気持ちを持っていたように思います。

そこにはかなりの身分の女房も、壺装束（つぼしょうぞく）に身をやつして立ち混じっていたのだそう。中宮禧子もまた、その中にいなかったとは限りません。結婚前、西園寺邸から盗むように連れ出された時から、「この方は、何をしでかすかわからない」と禧子は覚悟していたかもしれませんが、まさか隠岐へ配流となるとは思ってもいなかったのではないか。そして、再び生きて会うことはできない、との覚悟も固めていたのではないか。

ところが後醍醐天皇は配流の翌年、隠岐を脱出して、再び挙兵。足利尊氏や新田義貞を味方につけつつ政権を奪還するという、ハリウッド映画のような活躍をしてのけます。ここに建武の新政と言われる天皇親政が始まったのであり、禧子は再び後醍醐天皇と会うことになったのでした。

しかし、好事魔多し。夫が配流となった心配もあったのか、かねて病を得ていた禧子は、建武の新政の最中に、世を去ります。後醍醐天皇は、今度は足利尊氏に戦いを挑み、尊氏は持明院統の光明天皇を立てて自ら幕府を開設。後醍醐天皇は吉野へ向かい、自身が朝廷を開設しました。朝廷は京都と吉野に分かれ、南北朝時代が始まったのです。

禧子がもしも生きていたならば、彼女も夫と共に吉野へと行ったことでしょう。西園寺邸の桜を見慣れた彼女の目に、吉野の山の桜はどう映ったことか。歴史に「もしも」は禁物と言いますが、私はそのようなことを想像せずにいられないのでした。

16 室町時代の、できすぎる女——日野富子

同志社女子大学
同志社大学
堀川通
宝鏡寺
大聖寺
相国寺
鴨川デルタ
下鴨神社
糺の森
観世町
西大路通
今出川通
出町柳町
華開院
大宮通
足利将軍室町第址
烏丸通
京都御苑
いせはん
千本通
丸太町駅
丸太町通
室町通

鎌倉幕府に反旗を翻して権力を朝廷に取り戻そうとした、後醍醐天皇ですが、すったもんだの末に、足利尊氏が京都で光明天皇を擁立して武家政権を樹立。後醍醐天皇は吉野に逃れて南朝を開いたことによって、南北朝時代が始まります。朝廷が二箇所に存在するという事態が五十余年ほど続いた末にようやく、両朝は合体することになりました。

それは室町幕府の三代将軍、足利義満の時代のこと。私が前章で金閣寺を訪れたのは、西園寺家の娘で後醍醐天皇の中宮となった禧子を偲ぶためでしたが、西園寺家の地であった北山を譲りうけて金閣寺を建立したのが、義満です。室町時代とは、室町通に足利将軍の御所があったが故の名称ですが、室町御所を造営したのもまた、義満でした。

室町時代になると、歴史の中に姿を現す女性の姿が、目立たなくなってきます。やはり武家政権は、男の世界。女房文学も、鎌倉時代を最後に、姿を消していくのでした。

とはいえ室町時代にも強い存在感を示した女性がいて、その代表が日野富子（ひのとみこ）です。富子は、室町幕府八代将軍・義政（よしまさ）の妻であり、九代将軍・義尚（よしひさ）の母。しかし単に将軍の妻や母であるだけでなく、彼女は自ら、政治的手腕を発揮したのです。

公家である日野家は、尊氏の時代から足利家との結びつきが深く、義満以降、足利将軍の正室の座には歴代、日野家の女性達がついています。日野家の名の由来は、今で言う京都市伏見区日野の地。ちなみに日野は、以前訪れた、平重衡ゆかりの地のほど近くとなります。

日野富子といえば、一定の年齢以上の人が思い出すのは、一九九四年に放送されたNHK大河ドラマ「花の乱」でしょう。このドラマの主人公が富子であり、その若き日を松たか子が、その後を三田佳子（みたよしこ）が演じました。大河ドラマの主人公となるほどに、歴史の中で富子のキャラクターは強かった、ということになります。

富子が義政の正室となったのは、十六歳の時でした。義政の父である義教（よしのり）は、その激情型の性質がたたったのか暗殺され、義政は八歳にして将軍候補に。十四歳の元服を待って八代将軍となったのであり、富子を正室として迎えたのは、その六年後のことでした。

結婚当初、富子の立場はあまり強いものではなかったものと思われます。若くして将軍となった義政には、横から口を出す人が色々といました。義政の母親である日野重子（しげこ）は、富子にとっては大叔母なのでまだいいとしても、義政の乳母であり愛人（側室というのか）であったとも言われる今参局（いままいりのつぼね）は、義政を思うように操ろうとしていた模様です。私の妄想の中で今参局は、義政の初めての「お相手」。以降、少年・義政が将軍になっても、色々な意味で手とり足とり……となったのではないか。

政治に口を出してくる今参局については、幕府を支える管領（かんれい）達も、手を焼いていたようです。富子は二十歳の時に初めての子を出産するものの、結果は死産。それが今参局による呪詛（じゅそ）のせいということになって彼女の流罪が決定したのは、彼女を鬱陶しく思っていた人が多かった、ということを示すのではないか。配流の途中で没した彼女は、自害したとされているのでした。

どうやら義政は、強い女性達をして「この人を支えてあげなければ」と思わせる、別な言い方をするなら「この人は、つけ込みやすい」と思わせるタイプの男性だったようです。武家政権とはいえ、将軍も八代目ともなれば、貴族的性質が勝ってきましょう。文弱の将軍の周囲を、強い女性が固めていたのではないか。

今参局が自害し、その四年後に日野重子も死去すると、富子はようやく、深く息をすることができるようになったものと思われます。今回はまず、そんな富子のお披露目的な意味を持った場を、訪れてみましょう。

それは、富子二十五歳の時。義政は、「糺河原勧進猿楽（ただすがわらかんじんさるがく）」という大がかりなイベントを開催しました。賀茂川と高野川が合流する鴨川デルタ地帯（賀茂川と高野川の合流地点より下流が「鴨川」は、当時は糺河原と言われていました。義政は糺河原に屋外舞台を造って、猿楽すなわち能楽の興行を実施したのです。

現場は、京阪電車そして叡山（えいざん）電鉄の出町柳駅のほど近く。デルタ地帯を眺めるのに適した賀茂大橋が工事中だったので、まずは川端通から眺めてみれば、下鴨神社へのアプローチとなる糺の森を控えたその地は、ドラマティックな雰囲気を湛えていることがわかります。この地を舞台に選んだというところに、まずは義政のセンスが感じられるのです。

のみならず、そこに造られた舞台は、円形でした。橋がかりが続く円形舞台をぐるりと客が囲むという舞台設定もまた、何と斬新なことか。

室町時代は、今に残る日本文化が誕生し、育まれた時代です。義政も、能楽のみならず、茶の湯や作庭、連歌に漢詩と、文化をこよなく愛する人であったからこその、この大イベント。最も良い桟敷に座っていたのが、義政と富子でした。

川端通から河原へと下りると、デルタ地帯へと渡ることができる飛び石が続いています。賀茂大橋を通る時、子供達が石を飛ぶ様子をいつも「楽しそうだなぁ」と眺めていましたが、今回は私も、飛び石づたいにデルタへと渡ってみることに。

亀の形や千鳥の形をした石と石との間隔は、上から見る印象よりも、広く空いています。そして川の流れは、意外と速い。川に落ちぬようしっかりジャンプしながら、デルタ地帯に到着しました。

紀河原勧進猿楽は、将軍夫妻や公家、守護大名といった室町セレブ達だけでなく、庶民達も見物していたようです。屋外の、それも円形の舞台ですから、見物人はあちらこちらから見放題だったことでしょう。見物人達はそこで、堂々たる御台所である富子の姿をも、目にしたに違いありません。富子もまたその場において、「ようやく私の時代がやってきた」と思っていたのかも。

デルタ地帯を一巡りしてから、デルタの西側、河原町通にある甘味処「いせはん」にて一休み。秋冬限定の丹波栗あんみつを食しました。三種の寒天、あんこ、栗の渋皮煮、白玉、アイスクリーム、わらび餅という豪華な共演を、堪能します。

河原町通から今出川通に出て西に向かうと、南側には御所が広がり、北側は同志社の女子大や大学が続きます。途中でキャンパスの敷地に入って、明治時代に造られたレンガの建造物群を見物しつつ、ぶらり散歩。同志社にはまたいずれお邪魔する機会がありそうだ、と思いつつキャンパスを抜けて烏丸通に出れば、すぐ目の前には室町御所の跡地。……ということで、歴史の針はあちらこちらと揺れ動きます。

が、今回は室町時代にピントを合わせている私。遺構は残っていませんが、室町御所があった地を一巡りすべく、烏丸通を西側へと渡りました。

スタート地点は、烏丸通沿いにある大聖寺です。その境内の端に、「花の御所」とだけ彫られた石碑が、ぽつんと立っていました。義満が建造した当時、とりどりの花々が植えられていたために「花の御所」と言われたこの地。大河ドラマの「花の乱」も、そこからきたタイトルでしょう。

烏丸通を南へ下り、今出川通を右折。今出川通と室町通の角の理髪店前に、

「従是東北　足利将軍室町第址」

と彫られた石碑が立っています。烏丸、今出川、室町、上立売の四本の道に囲まれた細長い地帯が、花の御所の跡地。義満が建造し、義政が再建したこの御所には、富子も身を置いていました。普請好きの義政は、世が大飢饉になって街中に死体が溢れても、花の御所の改築を止めなかったのだそう。

花の御所跡からさらに今出川通を一キロほど行ったところには、「観世町」という地名があります。そこは室町時代から、能楽の観世家の屋敷があった地帯。糺河原勧進猿楽で演じたのも観世大夫達でしたが、花の御所と観世屋敷の距離の近さが、足利将軍がいかに能を好んだかを物語っています。

義政は、将軍としての仕事が、あまり好きではなかったのだと私は思います。それよりも彼は、趣味の世界に思い切り耽溺したかったのではないか。

しかし将軍の座を譲りたくても、彼には後継者がいませんでした。仕方なく自身の

弟である義視を次期将軍とすべく、出家の身から還俗させます。しかしそんな折も折、富子が男子を出産したのです。

　自分に息子が生まれても将軍にはさせない、と弟に約していた義政。しかし富子は、自身の息子である義尚を将軍にしたいと熱望します。義視と義尚の間での跡目争いが、やがて応仁の乱へと繋がり、京都中を焼き尽くすことになりました。もう少し早く富子が出産していれば、その後の京都の様子は、大きく変わっていたのかもしれません。

　結局、将軍の座を継いだのは、富子の息子である義尚でした。まだ幼い義尚が将軍の座につくと、富子は後見的な立場として、政治的な手腕を発揮していくことになります。彼女は夫と違って、政治の舞台に立つことが性に合っていました。金銭面での感覚もしっかりしており、豊かな経済力を武器として采配をふる様子は、夫や息子よりも頼もしく見えたのではないか。

　花の御所があった地には、今は同志社の建物や、学生向けのマンションなどが立ち並んでいました。しゅっとした同志社ボーイが歩いているのを見ると、義政もこんな感じだったのかしら、などと思う。

　花の御所は、十年ほど続いた応仁の乱が終わる前に、焼失してしまいます。義政、富子そして既に将軍を継いでいた義尚の親子は、ほど近くの小川御所に居を移すことになりました。

花の御所跡から西北の方角へと歩くこと、約五分。かつて小川御所があったのは、宝鏡寺（ほうきょうじ）のあたりでした。宝鏡寺は、皇女が多く入寺した尼門跡（あまもんぜき）寺院であり、人形供養が行われることでも有名です。春と秋の人形展が行われている時のみ拝観が可能ですが、私が行った時はあいにく時期が外れていました。

門をくぐることはできたので、入り口付近のみ拝見していると、境内には「小川御所之跡」の石碑が。

このお寺には、富子の坐像が存在しています。それは出家後の姿であり、写真で見る限りでは、四角張った顔にきりりとした目鼻という、いかにも意志の強そうな、かつ有能そうな顔立ちなのです。そしてその顔立ちを見ていると、「義政とは、合わなかっただろうな……」とも思う。

義政と富子は、小川御所に移った直後に仲違（なかたが）いをしたようで、別居することになります。二人の仲はそもそも、あまり良かったとは言えなそうであり、以前にも別居期間はあったのですが、いったん元の鞘（さや）に収まっていたのです。しかし小川御所から義政が出ていった後は、二人が再び共に住むことはありませんでした。

妻の富子ではなく、元将軍である夫の義政の方が「出ていく」となったのは、彼にはしたいことがあったからなのでしょう。別居後に義政が取りかかったのは、東山山荘の造営でした。

その一部が今、銀閣寺として残っている東山山荘は、義政にとってのネバーランドであり、夢の秘密基地のような場所です。隅々まで自身のセンスを行き渡らせた邸宅と庭園の中で、彼は美に溺れたかったのではないか。

有能なビジネスマン体質の富子と、優れた美意識をもって文化を愛し、育んだ義政。義政にとって富子は、「できすぎた嫁」だったのではないかと、私は思います。

糺河原勧進猿楽の開催や、花の御所、東山山荘の造営を見てもわかるように、飢饉などで庶民がどんなに困窮しても、芸術・文化へと富をつぎ込むことを止めなかった義政は、為政者向きの性格とは言えません。富子はそんな義政を見て、「私がしっかりしなくては」と、強く思ったのではないか。

元々の賢さもあって、彼女の政治的能力は、夫のそれを凌駕するようになります。そのようにできすぎた嫁と一緒にいるよりも、好きなように普請をしつつ山荘で一人過ごす方が、義政は心の平安を得られたことでしょう。

別居はしていたものの、富子は義政に、資金的な援助を続けていたようです。東山山荘の造営には多額の費用が必要だったのであり、富子としては見て見ぬふりはできなかったのです。

義政はその援助に助けられつつ、一方では傷ついてもいた気がするのでした。今でこそ、男より女の方が稼ぐカップルは珍しくありませんが、こと武家政権という男の論理が幅を利かせる社会において、あまりに強い富子の甲斐性（かいしょう）は、夫の気持ちを晴れやかにはしなかったのではないか。

富子の墓は、やはり皇室にゆかりを持つ、上京区の華開院（けかいいん）という静かなお寺にあります。訪ねると、老住職が門を開けてくださいました。

本堂の裏手の墓地に行くと、後円融（ごえんゆう）天皇の生母である藤原仲子（なかこ）のお墓の陰に隠れるように、富子の小さなお墓がありました。義政の墓所は相国寺（しょうこくじ）ですから、どうやら二人は今も別居中。……なのですが、富子のお墓に手を合わせていると、二人が互いに自身の持ち味を生かすには、別居という形が最も適していたのではないか、という気がしてきました。互いに一人でいたからこそ、したいことが存分にできたのではないか、と。

夫婦の形は、夫婦の数だけあるもの。別々にいる方が、互いの個性が発揮できる夫婦もいるのであって、華開院の墓所と相国寺の墓所は、離れてはいるけれど今も、繋がっているのかもしれません。

17 秀吉の女達の連帯——北政所、淀君

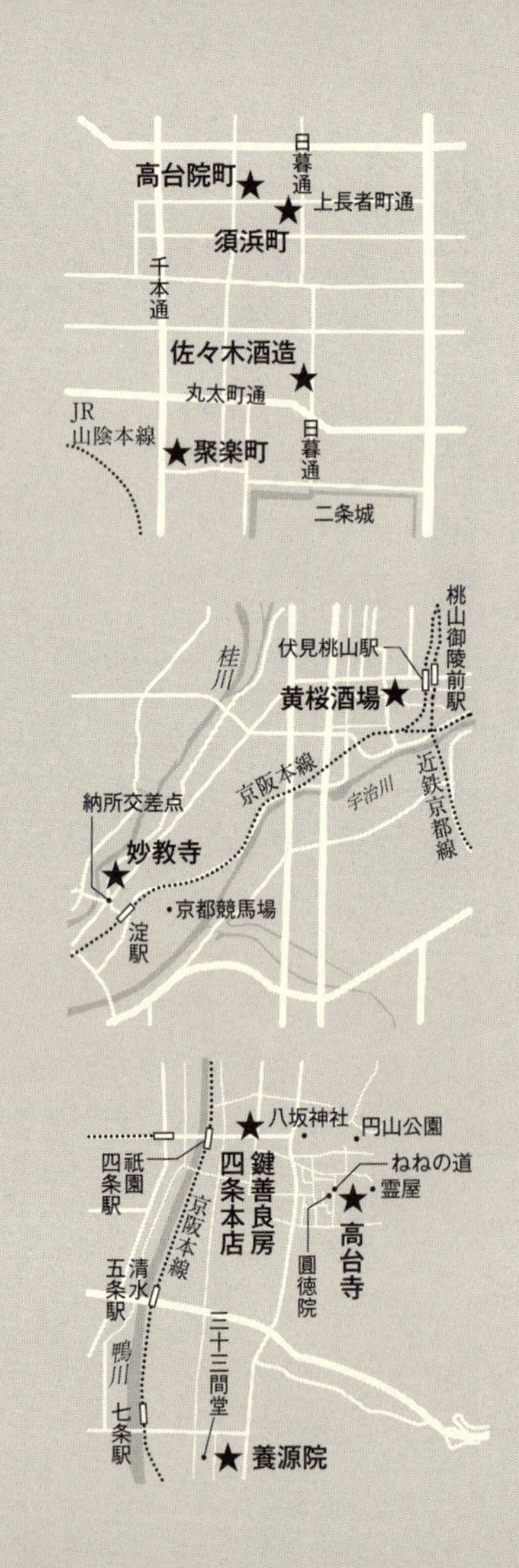
高台院町
日暮通
上長者町通
須浜町
千本通
佐々木酒造
丸太町通
JR
山陰本線
聚楽町
日暮通
二条城
桃山御陵前駅
伏見桃山駅
桂川
黄桜酒場
京阪本線
近鉄京都線
宇治川
納所交差点
妙教寺
京都競馬場
淀駅
八坂神社
円山公園
祇園四条駅
鍵善良房四条本店
ねねの道
霊屋
京阪本線
高台寺
清水五条駅
圓徳院
三十三間堂
鴨川
七条駅
養源院

平安時代、政治と文化の中心地であった大内裏があったのは、今の西陣の周辺でした。平安時代の女性達をしのんで、これまでにも何度か、かつての大内裏跡を訪れましたが、今回もまずは、その辺りへと行ってみましょう。

とはいえ今回取り上げるのは平安時代ではなく、安土桃山時代。足利尊氏以降、二百年以上続いた室町幕府は、十六世紀後半に滅亡します。織田信長が天下を取るも、本能寺の変で没すると、今度は羽柴秀吉が台頭することに。天正十三年（一五八五）に関白となった秀吉は、平安時代に大内裏があった跡地を利用して、自身の邸宅であり政治の場ともなった聚楽第を建てたのです。

例によって遺構はありませんが、近辺には、かつて聚楽第があったことを今に伝える町名が多く残っています。私は交差点から丸太町通を東に歩き、千本通と丸太町通の交差点に立てば、日暮通を左折して北上しましたが、その南側には「聚楽町」が。ほどなく現れた「佐々木酒造」が醸造している銘酒は、その名も「聚楽第」。ちなみに「佐々木酒造」は、洛中に唯一残る造り酒屋にして、俳優の佐々木蔵之介さんのご実家としても知られています。

古い板塀を眺めつつさらに北上したところにある「須浜町」は、聚楽第の庭園からきた名。須浜町の西に位置する高台院町は、秀吉の正妻、すなわち北政所である「おね」（「ねね」とも）にちなむ名ということで、町名観光が楽しいのです。

秀吉没後に出家した北政所の院号が、「高台院」。町内を一周してみても、北政所に関係するものは何もないとはいうものの、「高台院」の名のつく集合住宅からは、彼女がひょっこりと顔を出しそうな気も……。

おねは十六世紀の半ば、尾張国の武将の娘として生まれ、織田信長の家臣であった木下藤吉郎に十代で嫁ぎました。藤吉郎は低い身分の家に生まれたとされており、「木下」はおねの実家側の苗字です。

平安時代までは、女性の家に婿を取る「招婿婚」が行われ、妻側の実家が力を持っていましたが、院政時代辺りから、結婚のシステムは変化していきます。女性が男性の家に嫁に入ることによって、夫側の実家が力を持つようになってきたのです。

そんな時代の中でおねは、特に身分が高いわけではない夫を選びました。二人は恋愛結婚だったという説もありますが、おねは藤吉郎の家柄よりも、その将来性を見ていたということになりましょう。

結婚後、夫の上司である信長からも、賢妻として一目置かれていたおねは、しっかりした女性であったようです。戦国の世においては、家々の間で人質や養子をやり取りすることで家と家との結びつきを強めていましたが、預かった養子や人質を管理する役割も、彼女は上手にこなしていたのです。秀吉が関白になった後は「北政所」として、その存在感を示すように。

北政所には、子供がいませんでした。秀吉の跡とりとなった秀頼（ひでより）を産んだのは、側室の淀君（よどぎみ）です。北政所と淀君という二人の女性は、子供を産んだか否かで、その運命に大きな違いが生まれたのですが、では次に、淀君の名の由来となった淀へと向かってみましょう。

聚楽第跡から、千本通をひたすら南下していくと、やがて淀に着くことになります。しかし私は車を運転しませんので、京阪電車を利用。淀駅といえば京都競馬場を思い浮かべる方が多いかと思いますが、競馬が開催されない日の淀駅は、駅の大きさに対して利用者は僅少、という印象です。

京都と大阪の間に位置し、三本の川と、かつて存在していた巨椋池（おぐらいけ）にほど近い、淀。そこは交通と物流の要衝であり、多くの城が建てられた地となっています。秀吉が、側室の産所としてこの地に淀城を築いたのも、そんな地の利があったからでしょう。

競馬場とは反対側の出口から出て、お昼にラーメンを食べてから（美味しかった）少し歩くと、「納所（のうそ）」という交差点がありました。かつて淀津（よどのつ）という港であったこの地に、皇室に納める穀物の倉庫があったところからくるこの地名。国道など六本の道が交わるこの交差点に米穀店があるのも、いかにも「納所」という感じがします。納所交差点で交わる六本の道の中でも最も味わい深い雰囲気を醸し出す千本通を北に向かってしばし歩くと、妙教寺という小さなお寺が現れました。このお寺にあるのが、淀古城跡の碑。淀駅近くには淀城跡公園があって石垣等も残っていますが、淀城は江戸時代の城なのであり、秀吉が建てたものは淀古城と言われているのでした。

この地には秀吉が城を造る前から、多くの武将が城を建てていました。それほどに重要な場所であったということなのですが、しかし今の妙教寺は人気もなく、静かです。浅井長政の長女として生まれた茶々という名の少女は、やがて秀吉の側室となって妊娠。産所として淀城を与えられたことで、淀君と言われることになりました。

妙教寺を出て、ふと隣の駅まで歩いてみようかという気になった私は、千本通をさらに北上してみました。桂川を眺めることができる気持ちの良い道なのですが、しかしこの辺りは幕末の頃、戊辰戦争・鳥羽伏見の戦いの激戦地でもありました。妙教寺の石碑には、そこが淀古城の跡であるとともに、戊辰戦争で被弾した跡が本堂に残っているとも刻まれていました。千本通にも、戊辰戦争での戦死者の慰霊碑などが立っていたのです。

千本通という道は古来、様々な歴史を見つめているのであるなぁ。……などと思いつつ歩を進めていたのですが、しかし歩けども歩けども、駅に近づいた感じがしません。いい加減疲れてきた私はタクシーという飛び道具に乗って、伏見へ。

水路・陸路ともに交通の要衝である伏見にも、秀吉は城を建てています。他にも秀吉は、大坂城やら朝鮮出兵の足がかりとした名護屋城（なごやじょう）やらと、まるでマーキングをするかのように多くの城を建てているのであり、普請狂とも言われたのだそう。

元々、名水の地であった伏見。秀吉の築城によって栄え、お酒の需要が増したことにより、伏見には酒蔵が増えていきます。今も町のあちこちに酒蔵を見ることができるのであり、歩き疲れた私は「黄桜（きざくら）」のレストランにて甘酒を一杯、呼ばれたのでした。

歴史の中の女性達を見ていると、子供を産んだか否かで、その人生が大きく左右されているケースがままあります。元々の身分はさほど高くなくとも、子供を産んだか否か、産んだならばその性別やらタイミングやらで、女性の立ち位置が変わってくるのです。

秀吉の近くにいた北政所と淀君についても同じことが言えるのですが、しかし彼女達の場合、子供を産んだ淀君の方が、子を持つが故に悲しい最期を迎えることになりました。淀君が、亡き父・浅井長政のために建立した養源院に向かいつつ、しばし彼女に思いを馳せることにしましょう。

伏見桃山駅から京阪電車に乗って北へ向かい、七条駅にて下車。三十三間堂の隣にある養源院へと向かうと、なんと養源院の受付が丁度、終了したところでした。伏見でのんびり甘酒をすすっていたことが悔やまれましたが、まだ門の中には入ることができたので、本堂の前にて心眼を研ぎ澄ませ、有名な「血天井」や俵屋宗達の襖絵を想像してみた私。

父の菩提を弔うため、淀君がこのお寺を建立したのは、彼女が秀頼を産んだ翌年のことでした。浅井家の三姉妹といえば、長女の淀君は秀吉の側室に、次女のお初は京極家に嫁ぎ、そして三女のお江は徳川家康の三男である秀忠に嫁いだということで、それぞれがこの時代に重要な役割を担いました。

彼女達は、生まれながらに悲劇的な運命を背負っていたと言うこともできます。姉妹の母であるお市の方は、織田信長の妹として浅井長政に嫁いだものの、夫・長政は兄・信長によって滅ぼされてしまう。お市の方がその後、柴田勝家に嫁ぐと、翌年に勝家は豊臣秀吉によって滅ぼされ、お市の方は夫と共に自害する……。という、戦国の世に運命を翻弄されたドラマティックな母娘達なのであり、淀君は、母の命を奪った豊臣秀吉の子を産んだということになります。

秀吉は不思議な才覚を持っていたらしく、北政所や多くの側室達は皆、仲良く過ごしていたのだそうです。女性達をして、「この人を盛り立てたい」と思わせる独特の魅力があった、ということなのか。それとも北政所が女性達のリーダー格として、秀吉を皆で支えようという共通認識を育てたのか。

そんな中で淀君の立場は、男児を産んだからこそ、強いものになっていきます。淀で産んだ第一子は早くに亡くなりましたが、二年後に秀頼を産むと、秀吉はその子を溺愛。後継者にしようとしていた甥の秀次（ひでつぐ）のことが急に邪魔になったので、自害に追い込むのです。

その三年後に、秀吉は伏見城において六十二歳で没しました。その時、淀君は三十代前半、秀頼は六歳。北政所は、四十代後半であったものと思われます。

両者の運命は、そこから分かれていきました。大坂城にいた北政所は、京都に戻って夫・秀吉の菩提を弔うことに専心します。対して淀君は、秀頼の後見として、大坂城を守ることになるのです。

淀君としては、自分の息子である秀頼を、次の天下人にしたかったことでしょう。

しかし権力を掌握したのは、徳川家康。徳川家と対立した淀君・秀頼母子は、大坂の陣で徳川方に敗北。淀君の最期ははっきりとはわかっていませんが、おそらく大坂城で自害したのでは、とされています。

大坂の陣で大坂城を攻めた徳川側の総大将は徳川秀忠、すなわち淀君の妹であるお江の夫でした。豊臣と徳川の戦いは、姉と妹との戦いでもあったのです。

男の子を産んだが故に、その子に夫の跡を継がせるべく奮闘し、若くして悲壮な最期を迎えた淀君。対して北政所は、子を持たなかったが故に、京都で静かな余生を過ごし、七十代まで生きました。北政所が建立した高台寺は、養源院からさほど遠くないところにありますので、足を延ばしてみましょう。

八坂神社や円山（まるやま）公園にほど近い高台寺は、観光客にも馴染みの深いお寺です。桜や紅葉の季節にはライトアップが行われたり、アンドロイド観音「マインダー」が法話を行うなど、衆生（しゅじょう）を仏道へと誘うべく、様々な工夫が凝らされている。

そのような工夫に目を奪われがちではありますが、高台寺は秀吉に対する北政所の愛の結晶と言ってもよい場所でしょう。秀吉の存命中は、北政所は多くの女性達と夫を分かち合わなくてはなりませんでしたが、没後にその菩提を弔うことは、正室であるからこそ許される行為なのですから。

池泉観賞式のお庭を眺めた後、私は重要文化財である霊屋(たまや)へと足を運びました。高台寺蒔絵(まきえ)が施されたお堂内部の、向かって右側には秀吉の像。そして左側には、北政所の像。その二人の姿を見ていると、「正室の力」というものも感じずにはいられません。そもそも「北政所」というのは、摂政関白の正室を意味していましたが、おねが北政所の座に就いてからは、「北政所」といえば彼女のことを指すように。子は産まずとも、正室としての任をまっとうした人生でした。

霊屋の下には、北政所が眠っています。彼女の像は四百年以上前の作だそうですが、七年前に塗り直されたということで、そのお顔は白くつやつやと光り、堂々とした存在感を放っていたのでした。

北政所は、すぐ向かいにある圓徳院(えんとくいん)から日々高台寺に通って、祈りを捧げていたのだそうで、彼女が歩いた道は今、「ねねの道」と言われています。私もねねの道を通って、八坂神社方面へ。北政所もきっとこの辺りまで足を延ばしたのであろう、などと思いつつ、祇園まで歩きます。

祇園の北側にある「鍵善良房(かぎぜんよしふさ)」に吸い込まれて、ほっと一息。このお店の名物はくずきりですが、冬の夕方ということもあって、私は冬季限定のきび餅ぜんざいを注文しました。つぶつぶでモチモチのきびにぜんざいを絡めて食すと、甘さと温かさで、身体の芯がほどけていくよう。

そこで思ったのは、北政所は淀君の最期をどう見ていたのか、ということでした。北政所が京都で没したのは、大坂の陣の約十年後。大坂における豊臣家の滅亡を、彼女は知っていたのです。

高台寺で日々、勤行に励みつつ、北政所は淀君のためにも涙を流したのではないかと、私は思います。まだ何者でもなかった秀吉を見込んで妻となった彼女は、運命に従って豊臣家を盛り立てようとしていた女性達と、強い連帯を結んでいたのではないか、と。

見回せばお店の中では、多くの老若「女」達が、甘味を楽しんでいました。北政所と淀君も、何か甘いものでもつまみつつ、大坂城などで親しく話をしていたのかもしれない。否、そうしていてほしい。……と思いつつ、私はぜんざいに添えられていた塩こぶを、噛みしめていたのでした。

18 芸の花を京に咲かせる——出雲阿国、吉野太夫

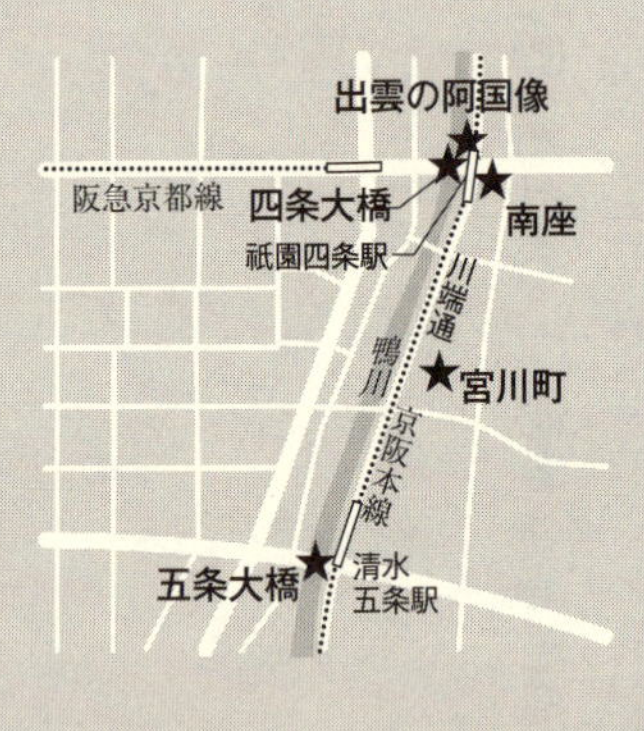
出雲の阿国像
阪急京都線
四条大橋
南座
祇園四条駅
川端通
鴨川
宮川町
京阪本線
五条大橋
清水五条駅

常照寺
源光庵
鷹峯街道
佛教大学
金閣寺
千本通
老松
北野店
平野神社
北野
天満宮
今出川通
上七軒歌舞練場
地下鉄烏丸線
今出川駅

丹波口駅
JR山陰本線
京都市
中央卸売市場
輪違屋
島原大門
角屋もてなしの
文化美術館
西新屋敷太夫町
西新屋敷揚屋町

十七世紀初頭。徳川家康が乱世を制して将軍の座に就いたのとちょうど同じ頃、京都に一人の印象的な女性が登場しました。彼女の名は、阿国。出雲国からやってきた阿国は、従来あった「ややこ踊り」などを発展させつつ、当時の正統的な芸能であった能を大胆にデフォルメさせます。そうして全く新しい踊りを生み出した彼女は、芸能の世界における、いわばイノベーターでした。

都の人々は、彼女の踊りに熱狂しました。常軌を逸したもの、並外れたものとの意を持つ言葉「かぶく」から、その踊りは「かぶき踊り」と言われるようになり、阿国はたちまちスターとなったのです。

今回はまず、阿国の足跡を追ってみたいと思っているのですが、しかし現時点で私が住む東京は、二度目の緊急事態宣言下にあります。現地には赴かず、グーグルのストリートビューという文明の利器、及び妄想を活用して、ステイホームのままで旅に出てみることにしましょう。

阿国は鴨川の河原で踊りを披露したということなので、最初の目的地は、四条大橋の辺りとしました。リアル旅であれば、新幹線で京都に着き、地下鉄で四条駅下車、阪急に一駅乗るか、ぶらぶら歩くかするところ。しかし自宅のパソコンに「京都　四条大橋」と打ち込むと、ストリートビューさんはどこでもドアのように、私を現地に連れて行ってくれます。
ビューの中の京都は、いつ見ても昼間。うろうろしていると、四条大橋の東詰の北側に立つ阿国の小ぶりな像が、チラと写っていました。片手に扇、片手に剣を持って舞う姿なのですが、そんな彼女の両性具有的な色気に、京の人々は夢中になったのでしょう。

阿国の像の視線の先、交差点の対角線上にあるのは、南座です。鴨川の河原は古来、人々が集まる地。江戸時代からこの地にはずっと、芝居小屋が存在していました。

桃山様式の南座を見上げれば、江戸時代の賑わいが伝わってくるかのよう。建物の川端通側には、「阿国歌舞伎発祥地」と彫られた石碑も立っています。阿国という一人の女性が生み出した斬新な踊りは、様々な変遷を経て、今や伝統芸能として確固たる地位を保っているのです。

阿国は五条河原においてもかぶき踊りを披露していたようなので、川沿いを南下してみましょう。川端通を歩いているつもりになっている途中、「京おどり」の提灯が飾られている様子が、ビューには写っていました。京都には祇園甲部、祇園東、先斗町、宮川町、上七軒と五つの花街があり、それぞれの歌舞練場（踊り等の芸事の稽古、発表を行う施設）において、芸舞妓さん達による踊りの公演が開催されています。中でも祇園甲部の「都をどり」は有名ですが、四条通の南側に位置する宮川町で行われるのが「京おどり」なのです。

踊る、舞うという行為は、いつの時代も京の都を華やかに彩ってきました。平安時代の宮廷で行われた五節（ごせち）という行事では、貴族の娘達が舞姫となり、帝に舞を披露。グッとカジュアルな芸としては、男装の遊女による「白拍子」と言われる踊りも人気だったようです。異性の姿で踊る女性や男性に特別な魅力を感じる精神性が、我々の中にはあるのかもしれません。

武士の時代になると、男性のみが演じる能が盛んとなります。が、そんな中に登場したのが、阿国のかぶき踊りだったのです。

そうこうしているうちに、五条大橋に到着しました。五条大橋といえば、牛若丸と弁慶が出会った場所、とされています。五条通の中央分離帯には二人の像もあるのですが、しかしその時代の五条通は、今の松原通。さらに言うなら二人は実際にこの地で出会ったわけでも、なさそうです。伝説の中で「映え（ばえ）」を狙った舞台設定だったのでしょう。

阿国の時代、五条通は既に現在と同じ五条通となっていました。洛中と洛外を結ぶ五条大橋は人々の往来が盛んだったのであり、だからこそ阿国は、五条河原で踊りを披露したのでしょう。

徳川家康もまた、阿国のファンでした。豊臣家が滅んだ後に伏見城を再建した家康は、京から伏見へと向かう時に五条大橋を通っていたのであり、その時に阿国をチラ見していたかもしれません。伏見城に阿国を招いて舞わせたことも、一度や二度ではなかったようです。

庶民から上つ方まで、人々の心を捉えた阿国は、河原でのみ踊っていたわけではありませんでした。北野(きたの)天満宮には、常設の舞台をも持っていたのです。

五条大橋から北野天満宮までリアルで行くとなると、公共交通機関ではなかなかややこしいのでタクシーに乗りますか、ということになりがちです。が、もちろんストリートビューであれば、ひとっとび。

北野天満宮といえば、菅原道真(みちざね)の霊を祀る神社として知られています。勉学の神様ということで、受験生やその親御さん達に人気のスポットですが、江戸時代のこの地は、今以上に賑やかな場所であった模様。寺社は一種のレジャーランドのような存在だったのであり、北野の賑わいは『洛中洛外図屏風(らくちゅうらくがいずびょうぶ)』にも描かれています。

まずは遠く東の地からではありますが、国宝のご本殿を遥拝(ようはい)。さらには「頭が良くなりますように」と、牛の像をエアーなでなでしてから、東門の辺りへ行ったつもりになります。阿国の舞台は、北野天満宮の東門を出た辺りにあったのだそう。

　ここで妄想をたくましくして、江戸時代へのタイムワープ気分に浸ってみましょう。京内外から北野天満宮へ来た人々は、お参りを済ませた後は、飲んだり食べたりして浮かれ気分になったはず。阿国の舞台を目当てに、わざわざ遠くからやってきた、今風に言うなら「遠征」組もいたことでしょう。葦簀(よしず)が巡らされた芝居小屋に入っていけば、舞台では噂(うわさ)に聞いた出雲阿国が華麗に舞っていて、その姿のあまりの妖艶さに、皆が目をパチパチとさせている……。

　本書においては、京に生きた様々な個性を持つ女性達をご紹介してきましたが、自らの才覚で稼いで生きる女性の登場は、阿国が初めてかもしれません。『平家物語』に登場する祇王や仏といった白拍子も芸能で身を立てた女性達でしたが、彼女達は平清盛のお抱えという立場。偉い人だけでなく大衆の人気を得ることによって、自分の力で生きる姿を示したという意味においても、阿国はイノベーターだったのです。

　東門を出てすぐの道を進めば、そこは五花街の一つである、上七軒です。阿国の舞台をおおいに楽しんだ人達は、浮かれ気分のままで、上七軒をそぞろ歩いたに違いありません。

室町時代に北野天満宮の社殿を修築した時に、余った木材で七軒の茶店をつくったのが、上七軒の始まりとされています。花街となってからは、西陣の旦那衆の遊び場そして社交場に。上七軒通には上七軒歌舞練場があって、平時であれば春には「北野をどり」が、夏にはビアガーデンが名物となっているのでした。

上七軒通沿いにある和菓子の老舗「老松（おいまつ）」でお菓子を買ったつもりになりつつ、さらに通りを進んで今出川通にぶつかれば、そこが上七軒の交差点。今出川通をさらに東へ進んで千本通を丸太町通まで南下すれば、その辺りは本書ではすでにお馴染み、平安時代の大極殿の跡地。饗宴（きょうえん）施設であった豊楽殿（ほうらくでん）では、女性達が舞を披露していたことでしょう。

千本通まで来たので、次は阿国と同じ時代に生きていた吉野太夫（よしのだゆう）という女性のゆかりの地を訪ねてみます。高級遊女であった吉野太夫の墓所が、千本通を北上した先の常照寺（じょうしょうじ）にあるのです。

ここで浮上するのは、男性を相手におもてなしをする女性の職種の問題です。現在の京都の五花街にいる芸舞妓（デビューしたては「舞妓」、少し大人になると「襟替（えりかえ）」をして「芸妓」となる）達は、京舞等の芸をもってサービスを行う女性達です。

が、かつての花街の一部には、性的サービスを行う娼妓が主にいる地もありました。
吉野太夫は、芸のみでサービスを行う芸妓ではなく、娼妓でした。彼女は、阿国がデビューした十七世紀初頭の生まれ。親との縁が薄く子供の頃に遊里に預けられると、美しく利発であった彼女は、若くして遊女の最高格である「太夫」となります。

吉野という名は、優れた太夫に与えられる一種の名跡的なものだったようで、歴史の中には何人もの吉野太夫が存在しますが、今回取り上げるのは、その二代目。美貌、才気共に抜きん出ていた彼女の名は、遠く中国まで届いていたのだそう。

後の世に書かれた井原西鶴『好色一代男』にも、

「なき跡まで名を残せし太夫、前代未聞の遊女也」

と、吉野太夫について記されています。主人公である世之介が、吉野を身受けして妻にするというストーリーなのであり、物語にまで登場する彼女のカリスマ性が理解できようというもの。

実際の吉野太夫は、豪商で茶人の灰屋紹益に身請けされました。この時に紹益と身請けを争ったのが、後陽成天皇の子息であり、関白の近衛信尋。彼女は町衆から公家までを魅了したのです。

吉野太夫は、常照寺の開山である日乾上人に帰依する、篤い信仰を持つ女性でもありました。千本通をどんどん北上したならば、やがて道は二股となるので、左手の鷹峯(たかがみね)街道をさらに北上し、常照寺を目指しましょう。

リアル旅であれば、鷹峯街道に入ると、次第に上り勾配を感じるはずです。この辺りは、京都盆地と北山とが接する地であり、鷹峯街道を突き当たりまで上れば、だいぶ自然豊かな眺めに。鷹峯三山も間近いこの地に、常照寺は位置するのでした。

昭和の半ばからは、吉野太夫を偲ぶ「花供養」という行事も行われている常照寺。秋は紅葉も見事なのであり、今回はパソコン画面の前で手を合わせつつ、鷹峯の清新な空気の中に身を置いた気分になってみます。

この時代、遊女はアイドルのような人気を誇り、そのファッションが市井の女性達の間で流行するというインフルエンサー的な存在でもあったことが知られています。が、今を生きる我々としては、遊女がアイドルという感覚が今ひとつピンとこないのもまた、事実です。

一口に遊女と言っても、様々なランクがあった当時。裕福な商人や公家、武士しか相手にしない一握りの高級遊女もいれば、自分でむしろを抱えて客を探す夜鷹(よたか)と言われる下級遊女もいる遊女の世界は、激しい格差社会でした。贅沢(ぜいたく)な暮らしをし、知性と教養をも身につけていた吉野のような高級遊女が、インフルエンサーのようなアイドルのような存在だったのです。

娼妓が主にいた花街である遊郭といえば、京都では島原（しまばら）の名が知られています。もともとは別の地域にあった公娼地（こうしょうち）が島原に移転してきたのは、十七世紀半ばのことであり、二代目吉野太夫は、移転前の地にいたようです。

遊郭としての島原は、その後すたれていきました。今はわずかに面影が残るのみとなっていますが、島原へと赴いて、吉野太夫がいた時代の遊郭がどのような場所であったのか、思いを馳せてみましょう。

鷹峯から島原というと、洛中を北から南へと突っ切らなくてはなりませんが、ストリートビューは距離などものともしません。私はJR山陰本線の丹波口（たんばぐち）駅を入力して、駅前へと飛びました。

七条通が丹波方面への往来に使われていたが故に、「丹波口」と言われるこの辺り。今は京都市中央卸売市場が駅前にありますが、古来ここは物産の集積地でした。

駅前から坊城（ぼうじょう）通を南下していくと、ほどなくして古い木造二階建ての建物が現れました。こちらが、現在も島原で唯一営業を続けるお茶屋（お座敷を貸す店）の、輪違屋（わちがいや）です。既にかつての島原の地域に入っているのであり、往時は輪違屋のような家並みが続いていたのでしょう。

輪違屋を過ぎて一本目を左に曲がれば、島原大門が見えてきました。この門が、島原遊郭の出入り口ということになる。

江戸の遊郭である吉原では、遊女の逃亡を防ぐべく、出入りは大門からしかできず、かつ、お歯黒どぶと言われた堀で周囲が囲まれていました。島原ではそのようなことはなかったようですが、やはり門の内と外では違う世界との認識はあったことでしょう。

門からいったん出て、正面から門を眺めた後に改めて門をくぐると、「ここが島原」という感覚が強まりました。今は普通の家並みが続く門の中ですが、「太夫町」「揚屋町」といった地名に、かつての残り香が。

門から続く道をまっすぐに進むと、やがて板塀に囲まれた広い敷地に建つ木造建築が現れました。こちらは、かつて揚屋（料亭）だった「角屋」。今は「角屋もてなしの文化美術館」となっています。

かつてこちらの美術館を訪れたことがありますが、内装やお庭がたいそう立派だった記憶があります。高級遊女である太夫は、豪華な場所で、立場のある人を相手に「おもてなし」をしていたのです。

しかし私達は、太夫がどれほど豊かな暮らしを送り、また教養や芸を身につけていたとしても、彼女達が自身の身体をお金に換えざるを得ない立場であったことは、忘れてはならないのでしょう。

歌舞伎を見ていると、太夫、花魁といった高級遊女がしばしば登場します。豪奢な衣装を身につけ、多くのお供をひきつれて道中を行う女形は舞台における大輪の華ですが、しかし高下駄を履いた足元を見てみれば、衣装とは全く似合わぬ裸足なのです。足袋を履かず素足でいる方が粋で色気があったから、という説もありますが、どれほど〝高級〟であれ、遊女の身である限りは足袋を履くことは許されなかった、という説も。

目がさめるように美しい太夫や花魁が八文字で歩く時にチラとのぞく裸足に、私は遊女という身の現実を見る思いがします。島原にいた女性達も、高下駄に素足を入れ、その冷たさを足裏に感じる度に、自らの立場を自覚せざるを得なかったのではないか。

吉野太夫は三十代で亡くなり、常照寺に葬られました。華やかな暮らしをする一方で、精神的な寄る辺を求めていたからこそ、彼女は仏道に身を寄せたのだと私は思います。また出雲阿国は、一世を風靡する活躍を見せながら、その最期は伝えられていません。

江戸時代初期の京都において自分の力で生きた女性達は、眩しい脚光を浴びた分、影をも抱えて生きたのでしょう。いつも光に満ちているストリートビューの画像ですが、その裏側にある闇を見つめていた女性達が歴史の中にいたことも、忘れないようにしたいものです。

19 江戸時代、庶民の女人達

——桂昌院、祇園梶子、おさん

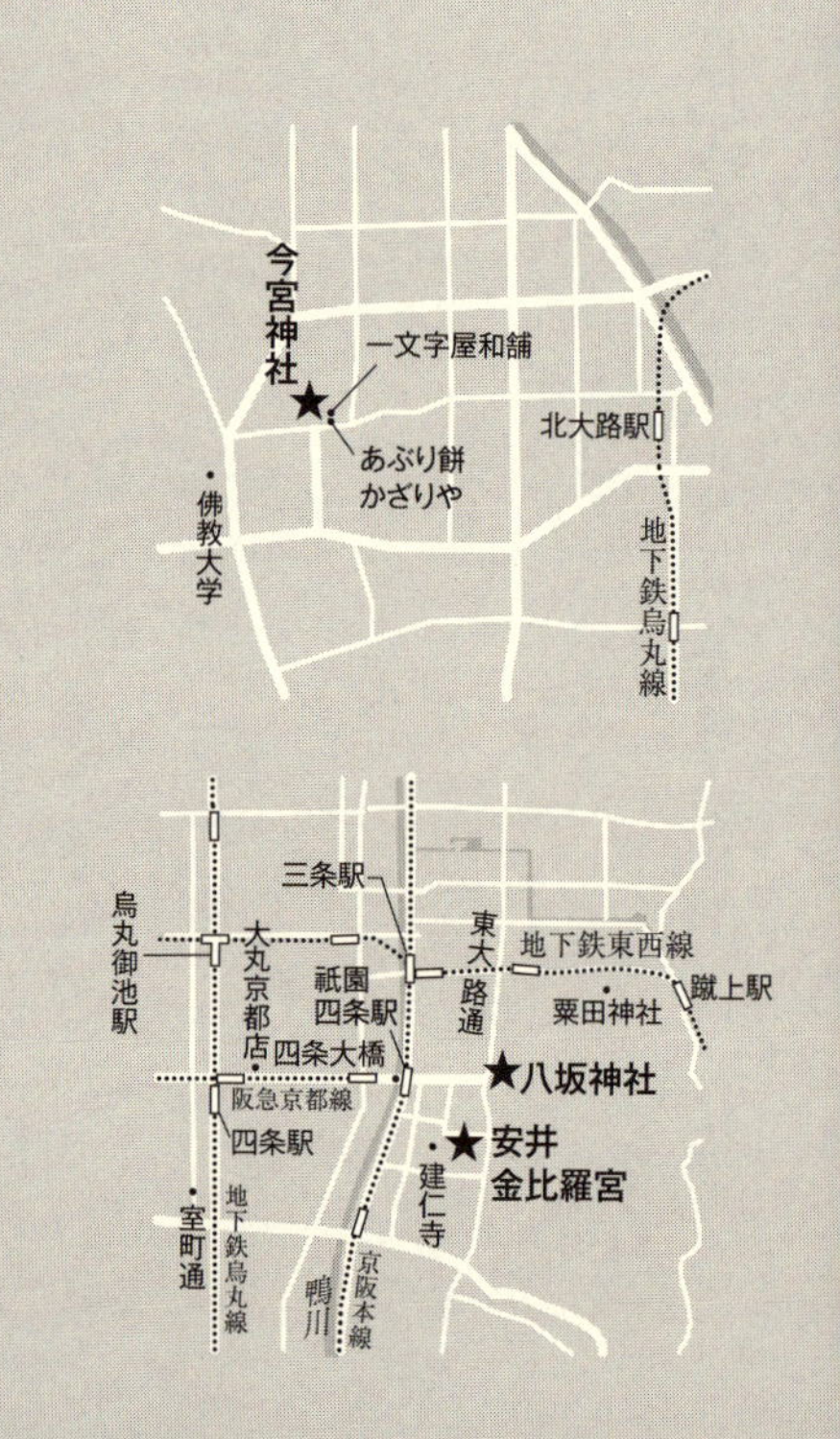

今宮神社
一文字屋和舗
あぶり餅
かざりや
佛教大学
北大路駅
地下鉄烏丸線
三条駅
烏丸御池駅
大丸京都店
東大路通
地下鉄東西線
蹴上駅
祇園四条駅
粟田神社
四条大橋
八坂神社
阪急京都線
四条駅
安井金比羅宮
建仁寺
室町通
地下鉄烏丸線
鴨川
京阪本線

京都駅で新幹線を降りたならば、東京寄りにちんまり存在する地下鉄のりかえ口に向かうのが、私のいつものパターン。烏丸口や八条口が混んでいても、地下鉄のりかえ口にはほとんど人がおらず、素早く地下鉄烏丸線に乗り込むことができます。

新型コロナウイルス流行の間隙を縫って、そろりと京都にやってきた今回も、私はそのように地下鉄に乗り、北大路駅で下車しました。北大路駅からはタクシーにて、今宮神社へと向かいます。

今宮神社は、京都でも最も古い歴史を持つ神社の一つ。平安京ができる前から疫神を祀り、建都後も疫病を治めるための祭礼を行ってきました。

が、今回私がこちらを訪れたのは、疫病関係の祈願のためではありません。もちろんここまで来たからには、まずはそちら方面もしっかりお祈りした後、境内に探したのは「お玉の井」です。

今宮神社は、徳川幕府第五代将軍である徳川綱吉の生母、桂昌院ゆかりの地です。桂昌院は寛永四年（一六二七）、この地に近い八百屋（今風の言い方をすると「青果店」ですが、江戸時代の話と考えるとやはり「八百屋」と書きたいところ）に生まれたと言われる女性で、元の名は、お玉。

恐らくお玉は、人目を惹く美貌を持っていたのでしょう。母親が奉公に出ていた武家からの縁で、彼女は第三代将軍・家光（いえみつ）の側室であるお万（まん）の方の部屋子として、江戸城大奥へ出仕することとなります。

お万の方は、家光の寵愛を一身に集めた側室でした。しかし彼女には子ができず、「おしとねすべり」、すなわち閨房（けいぼう）での関係を辞した後に、将軍に側室として献上したのが、お玉であったという話も。

お玉はやがて妊娠し、男の子を産むことで「お玉の方」となりました。家光の逝去後は出家して「桂昌院」となったのですが、彼女は自身が産んだ子が将軍の座に就いたことによって、将軍の生母として強い権力を持つことになったのです。

桂昌院は、信仰の篤い女性でした。東京・文京区（ぶんきょう）の護国寺（ごこくじ）も桂昌院による建立であり、他にも多くの寺社に寄進をしています。そんな中、自身の生地近くにある今宮神社が当時荒廃していたことから、彼女は社殿等を寄進したのであり、「お玉の井」も、その一部。お玉は、故郷に錦を飾ったのです。

しめ縄が張られた木の柵で囲まれたお玉の井は、直接中を見ることはできません。境内にあった桂昌院のレリーフを見ると、尼姿の桂昌院のお顔は、もちろん想像図ではありましょうが、あっさり系の美人です。

社務所では、「玉の輿守（まもり）」が売られていました。八百屋の娘ながら、将軍の母となるまでに出世した桂昌院が「玉の輿」の語源、とも言われることから、お守りの袋には、蕪(かぶ)や人参(にんじん)等、野菜の刺繍(ししゅう)がしてあるのでした。

　大奥に入った当初、お玉はかなり気を張って生活していたように思います。ただでさえ江戸はアウェイの地。のみならず、徳川将軍は代々、京都の宮家や公家の姫君を正妻としており、家光の正妻の孝子(たかこ)も、京都の公家である鷹司(たかつかさ)家の出身です。

　その背景には、武家の中に典雅な血筋と文化とを取り入れたかったという事情もありましょう。のみならず徳川家では、平安時代の天皇家のように、妻の実家が外戚として強い権力を振るうことを避けたかった。だからこそ大名家から妻をめとることはせず、既に力を削(そ)がれていた宮家や公家と姻戚関係を結んだのです。

　家光の正妻のみならず、側室のお万の方も、やはり公家の六条家の出身でした。大奥には、高貴な血筋の姫達がもたらす優雅な空気が流れていたはずです。

　そんな中で庶民の娘であるお玉は、男の子を産むことによって、自身の立場を押し上げました。高貴な家の出の正妻も、お万の方も懐妊しなかったのに対して、お玉は男児出産により自らの人生を拓(ひら)いたのであり、今宮神社の玉の輿守の袋には「運をひらく」との効能書きも。

　玉の輿守は買わずに私が向かったのは、この辺りに来たならば必ず食す門前の名物、あぶり餅の茶店です。竹串に刺さった指先サイズのお餅が十三本で、一セット。きな粉がまぶしてあるお餅を炭火で炙り、白味噌のたれをかけたこの餅は私の好物であり、決して取り寄せることができない味との久しぶりの邂逅に、心が躍ります。

門前には、平安時代創業（！）のお店と、江戸時代創業のお店、二軒のあぶり餅屋さんが向かい合っており、私は何となく平安時代創業の方に行くことが多いのですが、今日はどちらにしようかな、桂昌院もあぶり餅を食べたことがあるかもしれないな。……とウキウキ歩いて行くと、何と両店ともに定休日ではありませんか。「玉の輿、そりゃ乗れませんよね……」と、自身の運のつたなさを嘆いたのでした。

ショックでしばし呆然と歩き続けた私ですが、しかしその日、交通運は良かったようで、通りかかった京都駅行きのバスに乗車。私の次の目的地は祇園ですので、しばしバス車中からのんびりと洛中の景色を眺め、四条河原町にて下車。四条大橋を渡って、八坂神社へと向かいました。

妊娠・出産という、自身の身体能力によって出世を果たした桂昌院に注目した後は、自身の知的能力を活かした女性が生きた地へと向かいましょう。彼女の名は、祇園梶子。祇園・八坂神社の近くで茶店を開いていました。

梶子は、桂昌院の晩年である十七世紀末頃に生まれたと思しき女性です。彼女もまた庶民の出であり、かつ茶店を営むという働く女でもありました。

彼女は幼い頃から、文芸が好きだったようです。古(いにしえ)の和歌に親しむうちに、次第に自身でも和歌を詠むように。女性としては初めての個人歌集『梶の葉』を出すと、たいそうな評判を得ることとなりました。

八坂神社に到着した私は、まずはお参り。感染対策なのでしょう、鈴を鳴らすことはできず、賽銭(さいせん)箱の上で手を合わせると、録音された鈴の音が鳴るシステムになっています。

社殿の脇には、第一波の時の脳内旅行でご紹介した、疫病除けのための茅の輪が設置してありました。私も、

「蘇民将来子孫也」

と唱えつつ、茅の輪をくぐってみる。

八坂神社は、江戸時代も今と変わらぬ一大観光地でした。社殿の北側に広がっていた祇園林は桜の名所であり、梶子の茶店はその中にあったのです。

私も社殿の北側から、円山公園方面へと歩いてみます。時はちょうど桜の季節であり、有名な枝垂(しだ)れ桜の大木が、満開を迎えていました。

枝垂れ桜の周囲には、今もあちこちに観光客向けの茶店というかカフェというか、飲食店が点在しています。梶子もきっと、このような店の女主人だったのでしょう。

中には、モエ・エ・シャンドンをグラスで供する店もありました。シャンパンを飲みつつ桜見物なんて、洒落てるわァ。……と思うものの、あいにく私は下戸。初夏のようなお天気だったので、抹茶&バニラのソフトクリームを呼ばれます。

例年より人出は少ないものの、それでも大勢の人が桜見物をしている姿を眺めつつソフトクリームを舐めていると、「観光って、いいものだ」との感慨が、改めて湧いてきました。暖かな日差しと薄紅色の花の下、誰もがマスクをしているけれど、楽しそう。疫病で鬱屈した心を解放するひと時が、流れます。

江戸時代の人々もきっと、同じような表情でこの辺りを歩いていたことでしょう。貴顕の文芸だった和歌を茶店の女主人が詠むということで、梶子の店は観光客にもおおいに評判になりました。他国から来た人々は、和歌を詠む有名な女主人の店を目指したのであり、梶子ファンが多く訪れるその茶店は、祇園の名所の一つに。梶子が自身の和歌を書いた扇子は、土産物としても珍重されたのです。

梶子は、養女をもらって茶店を継がせました。さらにその養女が産んだ娘も店を継ぎ……と、三代の女達が和歌に親しみつつ茶店を営んだのであり、彼女達は「祇園三女」と称されたのだそう。

今で言うなら、カフェを経営しつつSNSで発信を続けて全国の人と繋がる、といった感じだったのかもしれない、梶子の生き方。上つ方のものだった和歌を詠む知的な梶子を見て、諸国からやってきた客達は「何と都会的！　さすがは京女」と、思ったのではないか。江戸は男性性の強い街でしたが、このような女性がいたからこそ、京都の女性性は脈々と育まれていったのだと思います。

一方ではその時代、悲惨な運命を辿った京女の記録も、残っています。井原西鶴『好色五人女』は、江戸時代に実際にあった事件をモチーフにした物語を集めたスキャンダル集ですが、これから取り上げる「おさん」も、同書に登場する女性の一人。京都でも有名な美少女だった彼女は、お金持ちと結婚したものの、不倫事件の果てに死罪となってしまったのです。

八坂神社の前を南北に走る東大路を南に下がると、数ブロックで東山安井の交差点に到着します。交差点を西へ入ったところにある安井金比羅宮という小さなお社は、悪縁を絶つ縁切り神社として有名な地。

かつては鬼気迫る雰囲気もあった安井金比羅宮ですが、私が訪れた時は、若い女性達が明るく参拝していました。白いお札が無数に貼られて秋田のカマクラのようになっている石碑の小さな穴をくぐれば縁切りが叶うということで、キャーキャー言いながら這(は)いつくばる人もいる。

　この辺りには江戸時代、安井門跡と言われる門跡寺院がありました。そこは藤の名所だったようで、『好色五人女』には、暦(こよみ)を発行する権利を持つ大経師(だいきょうじ)の男が、遊び仲間達と見物に出かける様子が描かれます。京都の遊び人四天王と言われていた彼等は、男色も女色もウェルカム、という人達。彼等がそこで通りがかった女性達の品定めをしていると、誰もが一長一短ある中で、一頭地を抜く美少女がやってきました。聞くところによれば、彼女は室町のある家の娘で、「今小町(いまこまち)」との評判を取っているとのこと。大経師はその後、懸命に手を尽くして、今小町ことおさんを、妻に迎えたのです。

　大経師の店は、四条烏丸の辺りにあったそうなので、今度はそちらを目指して、安井から西へ向かいましょう。人出が戻ってきた表通りは避け、建仁寺(けんにんじ)を通り抜けたりしつつ、四条烏丸着。

　ほど近くには大丸百貨店があり、銀行等が並ぶビジネス街でもある四条烏丸の交差点近辺は、京都の中心地です。江戸時代も同様の賑やかさだったのであり、そこに店を構える大経師は、特権を握る裕福な商人。おさんとの結婚後も店は栄え、幸せな生活を送っていたのです。

そんなある時、大経師が江戸へ長期出張に行くこととなりました。まだ若いおさんのため、主人は室町通にあるおさんの実家から一人の若い手代を呼んで、仕事に当たらせることに。

室町通は、烏丸通の一本西を走る道です。室町幕府の名の由来となった道であることは以前ご紹介しましたが、今回も四条烏丸の交差点から、室町通へと出てみましょう。

室町通を歩いていると、呉服卸など、和装関係の会社が目につきます。呉服の売り上げが落ち、マンションに様変わりした店も多い今ですが、それでもそこここに名残はある。

江戸時代からこの通りには呉服商が並んでいたのであり、三井越後屋、すなわち後の三越発祥の地も、室町通。祇園祭の頃は、室町通に多くの山鉾が立ちますが、山鉾の装飾がどんどん豪奢になったのも、呉服商達の財力があったからこそなのです。

室町通にあったということは、おさんの実家もまた、呉服商だったと思われます。彼女はファッションセンスも抜群の美少女として描かれていますが、それも呉服に囲まれて育ったせいではないか。大経師との結婚は、都心の豪商同士のセレブ婚だったのです。

しかし、好事魔多し。主人の出張中に来ていた実家の手代・茂右衛門とおさんは、ふとしたことからあやまちを犯してしまうのでした。やがて抜き差しならない関係となって、若い二人は出奔。逢坂の関を通って石山寺を見物したり琵琶湖を遊覧したりしつつの逃避行は、西鶴のサービスという気もしますが、若い二人だからこそ「せっかくだから」と、あちこち見て回ったのかも。

おさんは、店から多額の金を持ち出していました。琵琶湖で自殺したと見せかけて、あとは二人、どこかに身を隠して生きていこう。……と話はまとまり、遺書を残して琵琶湖へ入水したかのような偽装工作をします。

かくして二人は「丹波越え」の身になったのでした。京都にいられない事情を持ち、丹波の山を越えていく人のことを「丹波越え」と言った当時。セレブ妻だったおさんにとっては、思いも寄らない人生となりました。

奥丹波から丹後へと、身を隠しつつ流れ歩いた二人。しかしこれまたひょんなことから、本当は自殺せずに生きていたことが大経師にばれ、二人は京都に連れ戻されてしまうのです。

当時、姦通は大罪でした。主人から訴えられたならば死罪となるのであり、二人も儚く粟田口の露草となった、と西鶴は記します。

東国への出入り口として、本書でもかつて粟田口を訪れましたが、当時、街道筋の街はずれには刑場がありました。史実によれば、おさんと茂右衛門はここで磔の刑に処されたとのこと。市中引き回しの時、浅黄色の小袖を着ていたおさんは、まだ二十歳にも届かぬ若さでした。

若く美しい人妻の不倫と逃避行、そして死刑は、大きなスキャンダルになります。その事件に西鶴も刺激されたのであり、また近松門左衛門が同事件をベースに書いた『大経師昔暦』は、文楽、歌舞伎でも演じられました。

今であれば、命を落とすほどの罪ではなかったのに。……と、そろそろ日が暮れかけてきた室町通を歩きながら、私はおさんのことを思っていました。人より美しく、そして少し好奇心旺盛だったからこそ、彼女はあやまちを犯してしまった。安井で彼女にもたらされた「縁」は、あらかじめ絶ち切られることが決まっていた悪縁だったのか……。

一つ気になったのは、『好色五人女』の中でおさんが、自分のことを「丙午の生まれ」と言っていたことです。この時代から、男を食い殺すと言われて丙午の女性は避けられていたようなのですが、実は私も丙午生まれの身。好奇心につい引きずられてしまうおさんの気持ちにそこはかとないシンパシイを抱きつつ、すっかり暗くなった室町通を歩き続けたのでした。

20 アズマ男に恋した幕末の京女

——豚姫、お龍、和宮

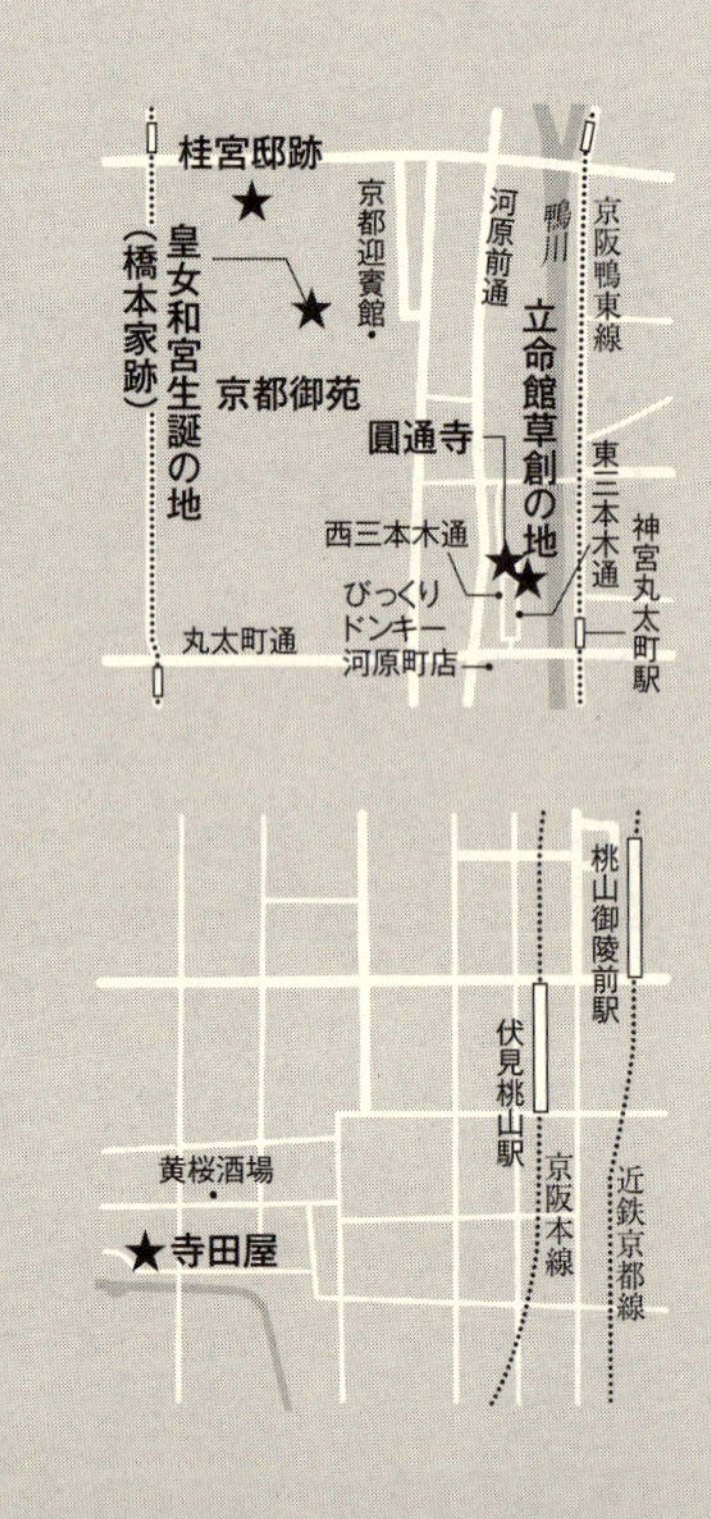

桂宮邸跡
皇女和宮生誕の地
（橋本家跡）
京都迎賓館
京都御苑
河原前通
鴨川
京阪鴨東線
立命館草創の地
圓通寺
東三本木通
西三本木通
神宮丸太町駅
びっくり
ドンキー
河原町店
丸太町通
桃山御陵前駅
伏見桃山駅
京阪本線
近鉄京都線
黄桜酒場
寺田屋

かなり前に歌舞伎を観に行った時、「西郷と豚姫」という演目名に驚いたことを記憶しています。歌舞伎では、八重垣姫やら雪姫やらといった姫達が名高いけれど、「豚姫」とは何者ぞ、と。

「西郷と豚姫」は、幕末に活躍した薩摩藩士の西郷隆盛と、その情人であるお玉のことを描いた芝居でした。そもそもは大正時代に新劇のために書かれ、歌舞伎でも上演されるようになったのだそう。

私が観た時は、西郷隆盛に十二代目市川團十郎（平成二十五年に他界）、豚姫ことお玉に五代目中村勘九郎（後、十八代目中村勘三郎。平成二十四年に他界）という豪華な配役で演じられたこの芝居。勤皇か、佐幕かで揺れる激動の世において、両派の志士達が入り乱れるホットスポットとなっていた京都の、三本木という花街が舞台です。志士達にとって花街は、一息つく場所であると同時に、密議をこらす場でもあったのです。

三本木で仲居として働いていたお玉は、ふくよかな体型であったが故に「豚姫」と呼ばれています。豚姫は、西郷さんにぞっこん。百八十センチほどの身長で、当時としては大変な大男であった西郷さんは大柄な女が好きだったということで、二人は思いを交わすようになるのです。

西郷さんと豚姫の愛は有名な話だったようで、幕府側の実力者である勝海舟の『氷川清話』にも、豚姫の話は出てきます。それによると、豚姫は祇園の茶屋の仲居で、「ひどく西郷にほれて」いたのであり、西郷もまたその気持ちに応えたのだそう。並の女性ではなくそのような女性を愛するところからしても、西郷は人柄が大きかった、と勝海舟は述懐するのでした。

勝海舟は豚姫について、三本木ではなく祇園の仲居としていますが、いずれにせよ西郷さんが京都において大柄の女性を愛したことは、事実のようです。私が観た歌舞伎では、勘九郎(当時)がユーモラスに、しかし情に篤いところもたっぷりと見せつつ、豚姫を演じました。豚姫は西郷との心中まで覚悟しながらも、最後は西郷の立志のため、彼を送り出すのです。

「西郷と豚姫」は、その変わった演目名よりもずっとしっとりとした余韻を残す舞台だったのですが、しかし「三本木」という花街は、今では聞かない名前です。幕末の京都に生きた女性達の面影を訪ねて、今回はまず、三本木から巡ってみましょう。

……といきたいところなのですが、世では新型ウィルスの変異株が猛威を振るっています。家から出ずに、今回もグーグル・ストリートビューやら地図やら記憶力やらを動員して、遠隔からの旅気分を味わうことにいたしましょう。

京都市街地の地図を広げたならば、長方形の京都御苑の敷地の東南角のやや東に、河原町通と丸太町通の交差点があります。丸太町通を東に行くとすぐに鴨川に突き当たるのですが、河原町通と鴨川との間の細長い地帯を南北に走っているのが、かつて花街があった西三本木通と東三本木通。

まずはストリートビューで、河原町通と丸太町通の交差点に立ってみます。びっくりドンキーがある交差点、という印象が強いのですが、ここから鴨川方面へ向かうと、左側二本目が三本木通。左折して北へ向かうと、この道はすぐに駐車場に突き当たり、左と右に分かれます。西三本木通と東三本木通は、ここで分岐しているのです。

西三本木通から進んでみると、明治の初頭まで花街であったことが信じられないような、静かな街並みが続きます。明治維新が終わり、天皇が東京に移ってしまうと、三本木は急速に衰退。今は住宅地になっているのでした。

圓通寺（えんつうじ）まで来たら、右に曲がってお寺の周囲を回るようにして、今度は東三本木通に入り、南下。こちらもまた静かな家並みが続く道ですが、途中には、「立命館（りつめいかん）草創の地」と刻まれた石碑がありました。明治三十三年（一九〇〇）、かつてこの地にあった清輝楼（せいきろう）という料亭の建物を仮校舎として、後の立命館となる京都法政学校が発足したのだそう。

清輝楼は、三本木が花街であった時代から存在していた料亭です。その建物はやがて旅館となり、平成九年（一九九七）まで存在していたようですが、今となってはその面影を残すものが無いのが、残念なところ。

とはいえこの時代まで来るとさすがに写真が残っているのであり、探してみるとそれは、木造三階建と思しき立派な建物でした。三本木は比較的小規模の花街であり、十余軒の料亭などがあったようですが、豚姫も清輝楼のような木造建築の廊下をのしのしと歩きながら、西郷どんへの思慕を募らせていたのかもしれません。

三本木といえば、幾松のことを思い出す方も多いことでしょう。三本木の芸妓であった幾松は、長州藩士の桂小五郎（後の木戸孝允）と恋仲になり、維新後に結婚した女性です。

長州藩の京都藩邸は、現在のホテルオークラ京都の地にありましたから、三本木は近場の花街ということになる。

幾松と桂小五郎が住んでいたという木屋町の建物が、その名も「幾松」という旅館として営業していましたが、コロナの影響もあって二〇二〇年に廃業。この旅館にはかつてうかがったことがありますが、幾松と小五郎の写真や当時の道具類も飾られる維新空間であったことを記憶しています。

　めまぐるしく情勢が変化する中で、幕末の京都ではテロ事件が頻発していました。桂小五郎もまた、佐幕派から命を狙われていたのであり、身を隠す小五郎に幾松がおむすびを届け続けた、といったエピソードも。

　三本木の料亭で幾松と小五郎が忍び逢っている時に新撰組（しんせんぐみ）の近藤勇（こんどういさみ）が襲来したという話も、残っています。一部屋ずつ中を改めていく近藤の気配を察知した幾松は、咄嗟（とっさ）に小五郎を部屋から逃がしました。直後にやって来た近藤に、

「桂はどこだ」

　と聞かれても、幾松は三味線をつまびきつつ、知らぬ顔をしていたのだそう。

　幕末期、京都において志士達を匿ったり助けたりした女性達の逸話は、幾松のみならず数多存在しています。例えば当時、祇園の美人芸妓として名高かった君尾（きみお）は、井上馨（いのうえかおる）など多くの志士を助けて、「勤皇芸者」と言われた人。近藤勇から口説かれたこともあったけれど、君尾はきっぱりと断ったということです。

　幾松のように志士と結婚した人もいれば、豚姫のようにそうでない人もいるけれど、当時の京都では、志士達と京女との間で多くの恋が生まれたり消えたりしていました。それというのも、京都を舞台に切った張ったをしていた当時の志士達は皆、若かった

のです。

寺田屋(てらだや)事件などがあり、京都での攘夷(じょうい)運動が激しくなっていた文久(ぶんきゅう)二年（一八六二）の時点で、桂小五郎、坂本龍馬(さかもとりょうま)、井上馨といったところはまだ二十代。西郷どんにしても、三十代前半です。

今となっては、政治を動かす人達というとおじさん～おじいさんという印象がありますが、この頃の血気盛んな志士達は、「偉い人」というよりは、フットワークの軽い下級藩士達でした。若者だからこそ、日本の未来にも、女性にも、熱い思いを持っていた。

また薩摩、長州、土佐(とさ)といった当時勢いのあった藩は、京からは遠く離れています。田舎からやって来た彼等が、京の水に洗われた女性達に接してポーっとなってしまうのも、無理のないところ。

反対に京都の女性達にとっても、志士達は新鮮な魅力に溢れていたことでしょう。田舎からやってきた下級藩士は、粗野ではあってもまっすぐな男達。京都の男性達と比べたならば、洗練されていないものの純朴なエネルギーを放っていたに違いなく、だからこそ京女は彼らを助けずにはいられなかったのではないか。

「東(あずま)男に京女」という言葉がありますが、それは東日本の男と京都の女、というカップルだけを指すわけではありますまい。広い意味での田舎全般が、京にとっては「アズマ」であり、そういった意味において幕末の京都には、「アズマ男と京女」のカップルがあちこちに誕生したのです。

中でも有名なのは、坂本龍馬とお龍(りょう)さんのカップルでしょう。お龍は京都の医師の娘でしたが、安政(あんせい)の大獄(たいごく)で捕らえられた父がその後病死すると、生活に困窮して旅館で働くように。その後、土佐藩士の隠れ家となっていた場所で賄(まかな)いとして働いているときに、龍馬と出会います。

龍馬はお龍を気に入り、若い二人は恋仲に。しかし常に身の危険を感じていた龍馬は、お龍を、馴染みの宿屋である伏見の寺田屋の女将(おかみ)・お登勢(とせ)に預けるのでした。

その後、龍馬が寺田屋にいる時、幕府側に襲撃されるという事件が起こります(文久二年の寺田屋事件とはまた別)。その時、お龍さんが龍馬を助けるために活躍したという話も残っているのであり、今度は伏見へと飛んでみましょう。

京都駅から五キロほど南に、伏見の市街地は位置します。本来ならば京阪電車で伏見桃山駅で下車するところですが、幸いなことに私は、前に淀城を訪れた帰途に伏見に立ち寄り、「せっかくだから」と、寺田屋を眺めていましたので、その時のことを思い出してみます。

京と大坂を結ぶ船が行き交う水運の要衝であった、伏見。駅から寺田屋方面へと向かう商店街は「竜馬通り商店街」と名付けられ、龍馬は今も、伏見における人気キャラクターです。

寺田屋は船を利用する人々が泊まる船宿であり、幕末期は勤皇派の志士達の定宿となっていました。宇治川の支流沿いに建つ寺田屋は、鳥羽伏見の戦いで焼失し、今の建物は明治期に再建されたもの。とはいえ木造二階建ての建物は、志士達が出入りする姿が目に浮かびそうな趣をたたえていました。

寺田屋の女将であるお登勢さんは腹の据わった人物であったようで、多くの志士を守り、助けました。志士にとっては、伏見の母的な存在だったと思われます。勝海舟も『氷川清話』において、料理屋の女将などの中には、人を見る目といい、交際の範囲といい、今の政治家などとても及ばない人物がいたものだ、と語っていますが、お登勢もまたそのような女性だったのではないか。

寺田屋で龍馬が襲われたのは、龍馬の奔走により薩長(さっちょう)同盟が結ばれた後の、慶応二年(一八六六)のことでした。幕府側としては、薩長が手を結ぶのは喜ばしい話ではないわけで、龍馬生かしておけぬ、となったのでしょう。

敵方が来た時、寺田屋の一階で入浴していたのが、お龍さん。気配を察知した彼女は、「すわ」とばかりに一糸まとわぬ姿で階段を駆け上がって二階の龍馬に危機を知らせ、龍馬は一命をとりとめたということなのです。

「裸で階段を駆け上がる」というところがお龍のまっすぐな性格を表している、と有名なこの話ですが、果たして本当はどうだったのでしょう。浴衣くらいは引っかけていたのではないかという気もします。

事実はどうあれ、「志士を助ける気丈で純粋な女性」の逸話は、人々の好むものでした。西郷どんと豚姫という異色カップルの話が歌舞伎にまでなったように、当時の人々も、また後世の人々も、志士達に熱いドラマを求めていた。寺田屋でのお龍さんにしても、

「裸で駆け上がった、っていうことにした方が……」

という演出が、後から加わったような気もしてなりません。

視線を転じてみると、この時代には上つ方にも、アズマ男と京女のカップルが誕生していました。すなわちそれは、将軍家茂(いえもち)と、皇女和宮(かずのみや)。日本の開国を進めていた幕府と、攘夷派の朝廷との関係性を何とか持ち直させ、公武合体をアピールするためにと画策された結果の、結婚でした。

先帝である仁孝天皇の皇女で、当時の孝明天皇の異母妹である和宮は、有栖川宮熾仁親王という婚約者がいる身でした。ですから将軍との結婚話が持ち上がった時、和宮は何度も断っているのです。

それは、既に婚約者がいるからという理由だけではなかったのでしょう。天皇の娘として生まれ、御所近辺の限られた公家社会だけで生きてきた少女にとって、江戸は地の果てのように思えたのではないか。いよいよ押し切られて降嫁となった時に和宮が詠んだという、

「惜しまじな君と民とのためならば身は武蔵野の露と消ゆとも」

という歌からも、その悲愴な心境をうかがうことができます。

降嫁が決まるまでの和宮は、母方の実家である橋本邸で過ごしていました。母は公家の橋本家の出。橋本家跡を、京都御苑の中に見ることができるので、脳内ぶらり散歩といきましょう。

京都御苑は、年中無休でいつでも散歩を楽しむことができる緑豊かなスポットですが、その中にある築地塀で囲われた地が、かつて天皇がいらした京都御所。天皇がいらした時代には、御所を囲むように、公家屋敷が存在していました。

明治になって天皇が東京へ移ると、公家達もそれに伴い京都を去り、公家屋敷は空

き家となります。さびれていった公家屋敷群を整備してできたのが京都御苑、ということになる。

京都御所の東側に、平成時代にできたのが京都迎賓館ですが、橋本家跡は、御所と迎賓館の間に位置します。「皇女和宮生誕の地」「橋本家跡」との説明板が立つのは、散歩に適した草むらの中。天皇がずっと京都にいらしたならば、今我々がこの辺りを歩いたりすることはできなかったのかもしれない。……などと思いつつ、エア散歩を続けます。

ちなみに、和宮の婚約者だった有栖川宮の邸は、和宮降嫁当時、御所の東北の角である猿ヶ辻(さるがつじ)辺りにあった模様です。それは橋本邸跡から、さほど離れた場所ではありません。本来であれば、同じ公家のご近所さん同士で結婚するはずだった和宮は、たまたま将軍家茂と釣り合う年頃だったことから政治の渦に巻き込まれ、はるばるアズマへ下らなくてはならなくなったのです。

和宮は降嫁前、桂宮邸(かつらのみや)へと居を移し、そこから江戸へと旅立っています。桂宮邸跡は、猿ヶ辻のすぐ北側。今も立派な門がありますが、和宮が過ごした建物はその後移築され、今は二条城の本丸御殿となっているのでした。

文久元年十月、和宮は桂宮邸から輿に乗って、中山道経由で江戸へと旅立ちました。

その時、和宮はまだ十代半ば。我々が外国へ行くよりも、何倍も心細い旅立ちだったことでしょう。三条大橋から逢坂峠を越えて京都に別れを告げる時、まだ幼い胸の中には覚悟が芽生えたのではないか。

悲愴な覚悟で江戸に下った和宮と家茂の仲は、案外悪くなかったようです。姑にあたる天璋院との関係等、苦労もあったものの、家茂が江戸を離れる時はその無事を熱心に祈り、また結婚後五年で家茂が病没すると、二十歳の若さで落飾。江戸城開城の後は、徳川家の家名存続のために動くこととなるのでした。

将軍と皇女というカップルは、〝アズマ男と京女〟の、究極の形だったのかもしれません。家茂は和宮に対する敬意を忘れず、また和宮は、程なくして滅びるであろう幕府を率いる夫の中にある哀しみを、よく察していたのではないか。

家茂の死後、一度は京都に戻った和宮でしたが、その後は東京へ。三十二歳で没すると、家茂と同じく芝・増上寺に葬られ、アズマの地において永遠の眠りについたのでした。

21 信念に従って幕末を生きる——大田垣蓮月、松尾多勢子、若江薫子

丸太町通
★平安神宮
★岡崎公園
京都市京セラ美術館
京都国立
近代美術館
京都市動物園
三条通
地下鉄東西線
東山駅
粟田神社
蹴上駅

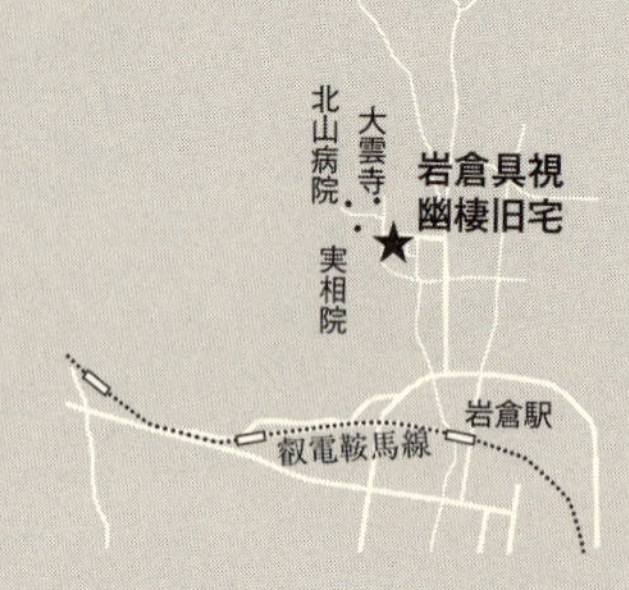
北山病院
大雲寺
岩倉具視
幽棲旧宅
実相院
岩倉駅
叡電鞍馬線

賀茂川
上賀茂神社
神光院★
御薗橋通
みその橋
サカイ
船岡東通

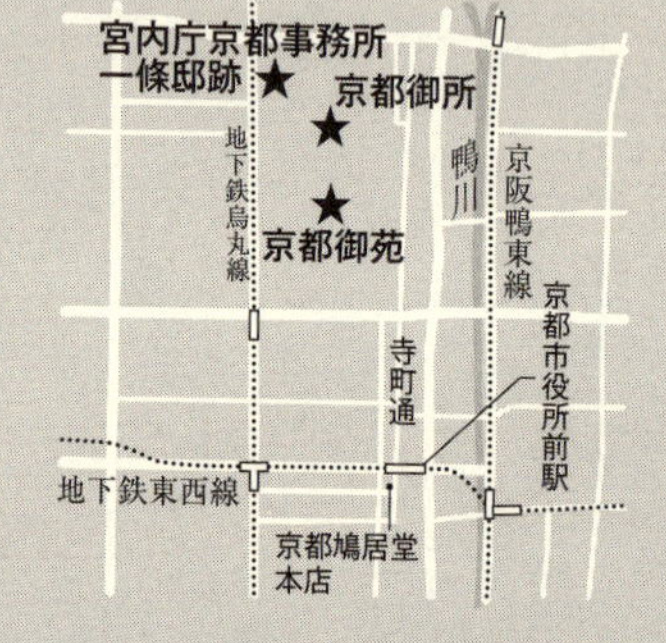
宮内庁京都事務所
一條邸跡
京都御所
京都御苑
地下鉄烏丸線
鴨川
京阪鴨東線
京都市役所前駅
寺町通
地下鉄東西線
京都鳩居堂
本店

時に勇ましく、時には静かに、愛する志士を支える。……という女性達を前章ではご紹介しましたが、しかし幕末を生きたのは、そのような女性達ばかりではありません。男性を支えたり助けたりというよりは、自身の思いに従った女性達も、この時代には生きていました。

たとえば大田垣蓮月は、寛政三年（一七九一）に生まれ、明治八年（一八七五）に八十五歳で世を去るまで、動乱の京都に生きた女性ですが、政治的な渦とは一定の距離をとっていました。尼僧であり、歌人であり、陶芸家であった彼女は、幕末の京都において、文化的なシーンの中心に、静かに佇んでいたのです。

生まれた時の名を誠といった彼女は、家族の運に恵まれない人でした。父は武家の出でしたが、誠を産んだ女性とは身分が釣り合わなかったようで、誠が生まれたのは、前章でも触れた三本木だったとされます。そんな事情もあって、誠は生後すぐに、知恩院に仕える大田垣光古の下に養女に出されました。

十歳前後から亀山城に奉公し、和歌から薙刀まで、様々な技を身につけた後に結婚した誠ですが、最初の夫とは離縁、二度目の夫とは死別。二回の結婚で生まれた子供達四人は皆、早世してしまいます。

二人目の夫の死去後、まだ三十代前半の若さで彼女は出家し、蓮月尼となりました。

四十代前半で、慕っていた養父が死去。ただ一人となった蓮月尼は、悲しみとともに岡崎（現在の左京区）に居を構え、陶器作りを始めます。

急須や茶碗（ちゃわん）といった実用品を作ることによって生活を立てていた、蓮月尼。家族の無い身としては、生きていくために仕事をしなくてはなりませんでした。

平安神宮や岡崎公園、国立や市立の美術館など、今の岡崎には、大規模な施設が建ち並んでいます。今回も現地へは足を運ばずにリモートでの訪問となりますが、私は先の桜の季節に、「せっかくだから」と平安神宮を訪れていたので、その時のことを思い出してみましょう。

文化的な施設が集まっている岡崎を歩いていると、商店や飲食店、住居などが目につかない、整然とした地域との印象を持つものです。それというのも岡崎は、明治になってから整備された地なのでした。

幕末の戦乱の爪痕が残り、また天皇が東京に移ってしまったこともあって、明治期の京都は荒廃していました。そんな折、京都の再興のために岡崎で行われることになったのが、内国勧業博覧会です。

平安遷都千百年を記念して、明治二十八年（一八九五）に、平安京の朝堂院を模した平安神宮が創建されたのも、その一環でした。博覧会会場の跡地には、美術館等の文化施設が建設されることになります。

明治時代にそのような広い土地があった岡崎は、蓮月尼が移り住んだ江戸後期は、まだ鄙の地でした。蓮月尼は都会の喧騒から離れ、岡崎で心静かに生きようとしたのでしょう。

岡崎のすぐ南に位置するのは、東国への出入口だった粟田口。そこは粟田焼と言われた焼き物の産地でもあり、岡崎は焼き物作りに適した環境だったのです。

優れたデザインセンスを持っていた蓮月尼は、自作の器に自身が詠んだ和歌を彫ったり、描いたりしました。素朴な佇まいの器に、優美な筆跡で描かれた和歌というコントラストが映えるその器は、都の人々にも、そして京土産としても大人気となります。人気は高まる一方で、しまいには偽物まで登場することに。

美人である上に、教養とセンスを兼ね備えてもいた彼女は、今であったら女性雑誌が放っておかない存在だったことでしょう。静かに暮らしたいという希望とは裏腹に、彼女は人気者となったのであり、蓮月尼に会いたいという人は、ひきもきらなかった模様です。

彼女は、一年に十三回も家移り(やうつ)りをしたことがあるほどの引越し好きでしたが、訪問者が多すぎて困ってしまったからこその引越しだった、という説もあるのでした。

一方で、日本の世は大きく変わっていきます。蓮月尼が焼き物の道に進んだ後には、ペリーが浦賀に来航。安政の大獄では多くの尊王攘夷派等が捕らえられ、京都ではテロの嵐が吹き荒れることになります。

しかし蓮月尼は、淡々と焼き物を作り続けました。西郷隆盛などの志士達と交友があったという話もありますが、何らかのイデオロギーに与することはせず、ひたすら手を動かし続けたのです。

慶応元年（一八六五）、七十五歳の蓮月尼は、最後の引越しをしました。行き先は、西賀茂の神光院。それまでは、鴨川の東側の地を転々としていた彼女がこの時、賀茂川（賀茂川と高野川の合流地点より下流が、鴨川。合流前の西側の流れが賀茂川で、東側が高野川）の西側に移り住んだのは、その地を終の住処として意識していたからなのか。

地図を見ていると、神光院が「みその橋サカイ」から、そう遠くなさそうなことに気づいた私。以前、大徳寺近くにある「中華のサカイ本店」にて、寒い中で冷めんを食べたことがありましたが、「みその橋サカイ」の冷めんもまた、美味しい。季節もちょうど良くなってきたことですし、食べたつもりになってから、グーグル・ストリートビューにてぶらり散歩してみましょう。

まずは「みその橋サカイ」から、御薗橋通を西へ。船岡東通を右折すれば、店舗や住宅の合間に、ビニールハウスや畑も目につくようになってきました。京都市も北区になれば、京野菜を育てる農地が多くなってくるのです。

すぐに「神光院」の交差点がやってくるので、そちらを左折すると、お寺の入り口が。緑豊かなアプローチが、奥へと続いています。

蓮月尼はこの地においても、器を作り続けました。その時代は畑ばかりだったであろう静かな西賀茂で陶器を作り続けることが、彼女にとっては自分より先に亡くなった人々を思うこと、そして悲しみを昇華させることになったのではないか。

器を売って得たお金は、躊躇なく慈善事業に費やされた模様です。飢饉の時は、神光院の和尚と協力して仏画を作成。寺町通の鳩居堂で販売し、その売り上げで飢えた人々に食物を配っています。

動乱から離れた地において、自分ができることを粛々と行っていた蓮月尼。自身の名も、そして作品も有名になっていたけれど、彼女の精神は常に、素朴な手触りのままだったように思います。蓮月尼の作品が今も人気なのは、そんな彼女の心の清さを見て取ることができるからなのでしょう。

一方で同じ時代には、激しく変化する世の中を見て、その渦中に進んで身を投じた女性もいました。

それはたとえば、松尾多勢子（まつおたせこ）。その名の通り、おおいに勢いを持っていたこの女性は、遠く信州に生まれています。農家に嫁いで十人の子供を育て上げた多勢子の人生が変わったのは、彼女が五十代になってからでした。

それは、文久二年（一八六二）のこと。かねて平田国学（平田篤胤（ひらたあつたね）の樹立した国学。明治維新に大きな影響を及ぼす）に触れていた多勢子は、京都で攘夷運動が盛んになっていることを聞いて居ても立ってもいられなくなり、「私も倒幕運動に参加せねば！」と、京都へ旅立つのでした。つまり彼女は、志士を応援したり助けたりしたのではなく、自身が志士として立ち上がったのです。

時に多勢子、五十二歳。農家の嫁としての役割は果たした後の、一種のセカンドライフと言えないこともありません。平時であればお伊勢参りにでも行ったであろうタイミングで、彼女は倒幕の旅へと出たのです。

京都に到着すると、彼女は平田学派の志士達との交友を深め、同志の中ではおふくろさん的な存在となっていったようです。確かに若い志士達からすれば、五十代の多勢子はちょうど母親年代。故郷を離れた若き志士達にとっては、懐かしい存在だったに違いない。

彼女が京都に出てきたのは、和宮降嫁の翌年でした。降嫁に尽力した公家の岩倉具視（いわくらともみ）は、尊王派の志士達から、幕府と通じていると見なされます。そんな中で、多勢子が岩倉の真意を確かめることによって暗殺回避につながった、という話もあるのです。

しかし岩倉具視は、暗殺はされなかったものの窮地に立たされ、洛北（らくほく）・岩倉の地に隠棲（いんせい）しました。岩倉具視は公家ですが、幼少時代の一時期、岩倉の農家で里子として育てられていたのであり、この地に親しみを感じていたのでしょう。彼におおいに気に入られた多勢子も、この地を訪れたことがあったかもしれませんので、再びストリートビューにお世話になってみます。

京都盆地の北のはずれの岩倉には、かつても訪れたことがありました。平安時代、佳子内親王がこの地で心を癒したということで、日本の精神医療の源流の地とされているのが、岩倉でした。

地図によると「岩倉具視幽棲（ゆうせい）旧宅」は、私が訪れた北山病院や、佳子内親王を癒した泉、実相院（じっそういん）などと同じ地域にあります。おそらくはこの辺りが、岩倉の中でも最も古くから拓けた土地だったのではないか。

ストリートビューでうろうろしてみると、旧岩倉邸はいくつかの病院群に囲まれるように存在していました。が、もちろん岩倉具視がいた頃は、畑や林に囲まれていたに違いない。元々は大工さんの家だったものを買い取ったという邸宅は、茅葺(かやぶ)き屋根の質素な造り。冬はしんしんと寒さが募る中、多勢子のような元気な女性の来訪があったならば、岩倉具視も心が弾んだことでしょう。そして岩倉に来た多勢子は、故郷の信州とどこか似ている、と思ったのかも。

多勢子は最初の京都滞在を九か月で終え、いったん信州へと戻ります。そして慶応四年(一八六八)、鳥羽伏見の戦いの報を聞くと、また居ても立ってもいられなくなり、今度は息子や孫を連れて再び上京。息子と孫は戦(いくさ)に参加させ、自身は岩倉具視邸(既に洛中に戻ってきていた)において、家事やら志士達の世話やらに活躍するのでした。

岩倉具視はその後、東京に引っ越す時も、既に八十歳になっていた多勢子を家政担当として連れていくほど、彼女を頼りにしていました。が、多勢子に東京の水は合わなかったようで、ほどなく信州へと戻り、以降は八十四歳で亡くなるまで、静かに余生を過ごしたのです。

憂国の志に駆られて京都へ行き、やがては東京へ。農家の嫁として信州で暮らし続けていたならば考えられない〝セカンドライフ〟が、多勢子には待っていました。たとえ何歳であろうと一歩踏み出すことによって世界は変わることを教えてくれる、多勢子の人生なのです。

もう一人、行動せずにはいられなかった幕末の女性をご紹介しましょう。彼女の名は、若江薫子。天保六年（一八三五）に、京都の公家の娘として生まれています。菅原道真に連なる家に生まれた薫子は、幼い頃からの学問好き。師について漢学を学び、あらゆる書物を読破するという、周囲が舌を巻くほどの才の持ち主でした。

薫子は三十歳をすぎても結婚せず、学問の道に邁進していました。すると一条左大臣家から、姫君達の教育係に、との声がかかります。薫子は、十二歳と十一歳の姉妹に学問を熱心に教え、また姫君達も薫子にはよくなついていたようです。

一条家は、公家の中でも最も家格が高い、五摂家の一つです。その邸跡が京都御苑にありますので、見に行ってみましょう。

以前も書いたように、当時は天皇がいらした御所を囲むように公家の邸が建っており、天皇が東京へ移って以降、廃れた邸宅群を整備してできたのが、京都御苑です。一条家は、御所の西北の角の西側に位置していました。

今、そこには「一條邸跡」との札が立っていますが、かつての一条家の敷地に建っているのは、宮内庁京都事務所の建物です。敷地跡の角にはイチョウの巨木があって、秋になるとその下は、黄色い絨毯を敷きつめたようになるのですが、薫子ももしかすると、このイチョウを眺めつつ、邸に通ったのかもしれません。

薫子が家庭教師を始めてからほどなくして、一条家の姉妹のうち、妹の勝子（まさこ）が皇太子妃に選ばれます。当時の皇太子は、孝明天皇の第二皇子。後の明治天皇です。明治元年（一八六八）、勝子は美子（はるこ）と改名し、皇后となりました。

薫子はすなわち、皇后美子、後の昭憲（しょうけん）皇太后の家庭教師役を務めた女性なのでした。皇后は結婚後も師への親しみを持ち続け、薫子は御所に出入りをしていたようです。美子皇后と薫子がお話をされる時のお茶菓子はやはり、近くの「とらや」のものだったのかしら、などと想像してみる。

しかしその後、情勢は変化します。強固な儒教思想の持ち主である薫子は、日本が西欧文明を積極的に取り入れていくことが、我慢なりません。東京への遷都に反対する建白書等を書いているうちに、明治新政府から危険人物として目をつけられて参内（さんだい）を止められ、やがては幽閉されてしまうのでした。

薫子の建白書は、激烈です。天皇が東京に行ったならば、政争に巻き込まれる危険性が大きい。また、日本古来の文化を守ってきた皇室は、西洋文明によって悪い影響を受けてしまう。……といったことを熱く訴えるのですが、それは外国人を夷狄呼ばわりする、攘夷思想たっぷりの内容。新政府側からすれば、「今となったらもう、時代に逆行してるんだよね……」と言いたくなったのではないか。

薫子としては、しかしどれほど時代に逆行していようと、自分の信念を曲げる気持ちにはなりませんでした。忖度も保身もなく、ただまっすぐに自分の信念を表明したことによって、彼女は三年もの長きにわたって、幽閉されることになったのです。

幽閉が解かれると、薫子は行き場を失っていました。実家の若江家は既に没落し、頼ることができる身内は存在しません。門弟がいる西国を転々とし、たどり着いたのは四国の丸亀。明治十四年（一八八一）、この地において彼女は病に倒れ、四十七年の人生を終えることになったのです。

生まれた時代が違ったならば、彼女は一流の漢学者として、京都で活躍したことでしょう。しかし彼女は、時代の激変期に生まれながら、変化をよしとしない道を進んでしまいました。どんな壁に突き当たろうとまっすぐ進もうとしたために、満身創痍となったのです。

彼女にとって、自分が真実と信じられる道を進むことは、何よりも大切だったのだと私は思います。言いたいことを言えずにただ運命の渦に巻きこまれるよりは、言って血まみれになることを選んだのであり、そんな彼女もまた、「志士」の一人だったのではないかという気がしてなりません。

22　天皇不在、明治の京都は——上村松園、九条武子、モルガンお雪

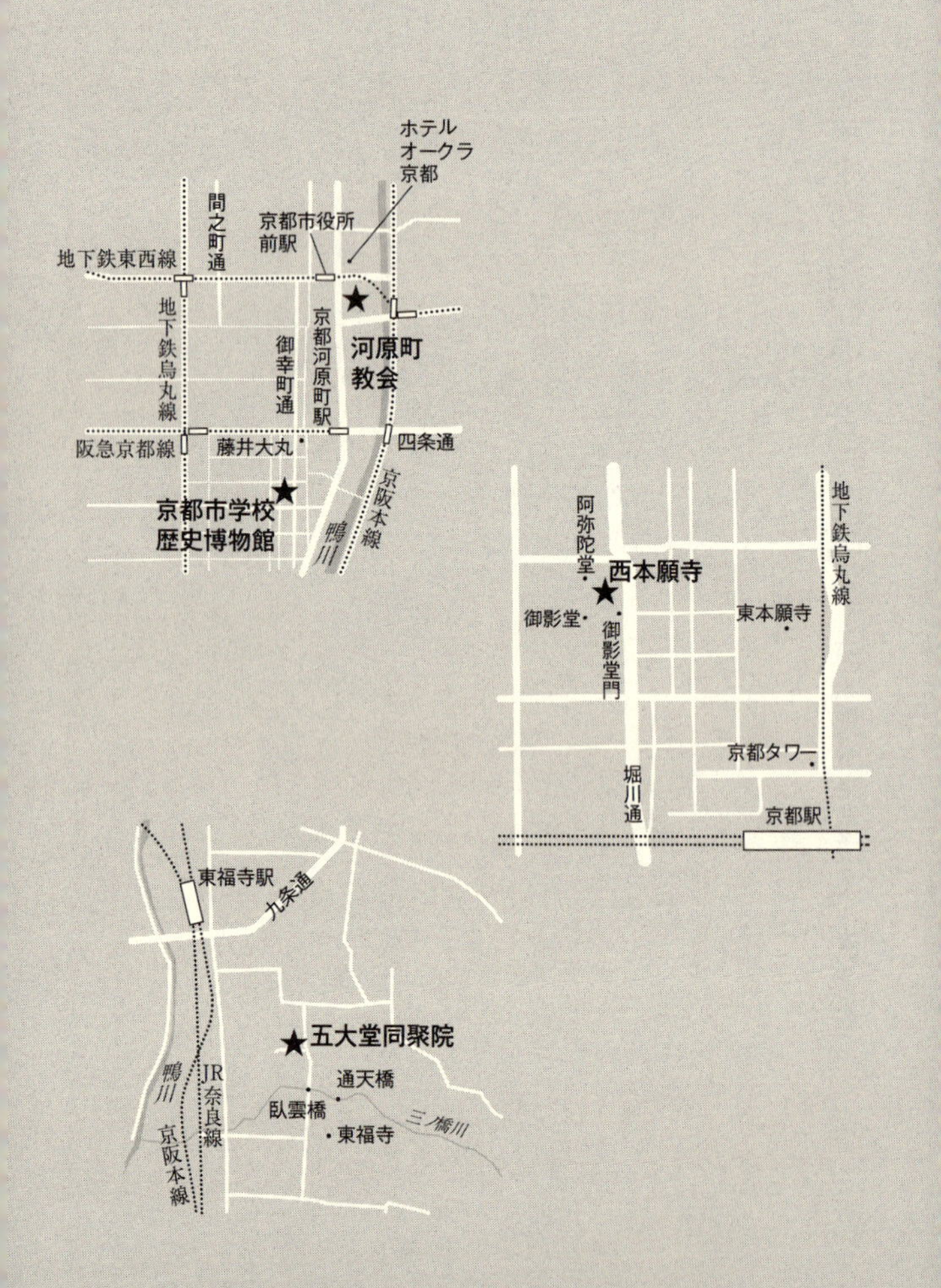
ホテル
オークラ
京都
間之町通
京都市役所前駅
地下鉄東西線
地下鉄烏丸線
御幸町通
京都河原町駅
河原町教会
阪急京都線
藤井大丸
四条通
京阪本線
京都市学校歴史博物館
鴨川
阿弥陀堂
西本願寺
地下鉄烏丸線
御影堂
御影堂門
東本願寺
京都タワー
堀川通
京都駅
東福寺駅
九条通
五大堂同聚院
鴨川
JR奈良線
通天橋
臥雲橋
東福寺
三ノ橋川
京阪本線

日本にとって革命のようなものだった、明治維新。二百年間続いた徳川政権が終わって武士達は大量失業し、鎖国時代を忘れたかのように、西欧の文明を貪欲に取り入れる。……等、世の中は激変します。

コロナ時代となり、我々は今、ニューノーマルなる生活様式を取り入れていますが、明治維新を生きた人々もまた、ニューすぎるノーマルを受け入れなくてはならなかったのです。

中でも京都は、日本で最も激しい変化に見舞われた街です。平安京の創建以来、千年以上にわたって京都におわしました天皇が、明治になって東京へ移られたのですから。

新しい時代の政治の中心をどこにするかでおおいに揉めた結果、江戸を「東京」にして、天皇にも東京に来ていただこう、とのプランが浮上。その意見に激烈に反対した挙句に捕らえられてしまったのが、前章でご紹介した若江薫子でした。

が、薫子達の反対も虚しく、天皇は江戸改め東京へ。正式な決定なり宣言なりがあったわけではなく、東京へ行幸したまま帰らないという状態で、天皇は東京に住み続けます。

京都の人々は、戸惑ったことでしょう。京都を京都たらしめる存在だった天皇と公家が、東京へ。幕末には、禁門の変から始まった火災で市中の大部分は焼けており、千年の栄華を誇る都が、荒れ果ててしまったのです。

京都の人々はそこで、「このままではいけない」と、立ち上がりました。〝明治維新ショック〟から復興すべく、様々な近代化政策に打って出たのです。

琵琶湖疏水の計画や、博覧会の開催も、その一つ。中でも輝くのは、街の復興にはまず人材の育成からと、日本で初めて、学区制小学校の制度を誕生させたことです。

「番組小学校」と言われる京都の学区制小学校は、明治二年に開校しています。久しぶりにリアルに京都へやってきた私は、まずは番組小学校について学ぶべく、四条河原町の交差点からほど近い、御幸町通の学校歴史博物館を訪れました。

この博物館は、最初に開校した六十四の番組小学校の一つで、平成四年に統廃合された開智小学校の建物を利用しています。お寺のように立派な門がありますが、こちらは旧成徳小学校の玄関から移築したもの。門の立派さからも、番組小学校がいかに地域の人々から大切に思われていたかが伝わります。

私がこの地を訪れたのは、明治時代に開智小学校に通った、日本画家の上村松園（本名・津禰）を偲ぶためでもありました。明治八年（一八七五）生まれの松園は、京都新しい京都をつくる人材として期待され、育まれた世代です。近代的な教育と、京都の町っ子として育った感性とを身につけた松園は、生涯にわたって美人画を描き続けました。

番組小学校においては、当時、京都の基幹産業だった染物や織物の基本となるのが日本画ということで、日本画教育にも力を入れていたのだそう。松園の随筆『青眉抄』によれば、皆が遊んでいる時でも絵ばかり描いていた子供だったという松園は、小学校を終えると、京都府画学校（現・京都市立芸術大学）に入学します。

『青眉抄』によると、松園が入学した頃の画学校は、「今の京都ホテル（現・ホテルオークラ京都）のところ」にあったのだそう。博物館を出て、そちらに向かってみましょう。

御幸町通を北上すると、ほどなく賑やかな四条通にぶつかります。ファッションビルの「藤井大丸」があるその辺りには、御幸町通の静けさが嘘のように、たくさんの人が行き交っていました。

四条通を挟んだ向かい側の地域に、松園の生家はありました。松園が生まれる直前に父は他界しており、彼女は葉茶屋を営む母に育てられます。父がいなかったからこそ松園は、絵で身を立てることに真剣だったのではないか。

四条通を右に曲がって、東へ。京都で最も賑やかな地である、河原町通との交差点を左折してしばらく歩くと、御池通の向こう側に、ホテルオークラ京都が見えてきました。松園の実家からは、歩いて通うことができる距離と言えましょう。松園が通った頃、画学校の周囲は空き地で、一面の花畑だったのだそうです。今は都心の一角となっており、当時の様子を想像することはできませんが、松園の日本画人生は、ここから本格的にスタートするのでした。

画学校もまた、京都復興への動きの中で生まれた学校でした。価値観の激変は、絵画の世界をも揺さぶったのであり、新しい絵画への取り組みの必要性が感じられたのでしょう。基本的に男女別学であったこの時代において、男性に混じって勉強する場があったことは、松園にとって大きな意味を持っていたのではないか。

松園は十六歳にして、展覧会に初出品して、初入選。その後も多くの入選を重ね、日本画家として頭角を表します。

彼女は生涯を通じて、日本女性の美を描き続けました。洋装の女性がどれほど増えても、一貫して着物に日本髪の女性を描いたのです。美しさだけでなく、どこか芯の強さを感じさせる女性達の姿は、松園の理想とする女性像だったのでしょう。

……としたところで少し歩き疲れた私は、オークラのカフェへ。ここでは、東京のオークラでも名物の、一晩じっくり卵液にパンを浸したフレンチトーストを食べることができます。せっかくなのでそちらとコーヒーで、一休み。全くもって和風ではありませんが、ふわとろのフレンチトーストで元気が回復したら、次は松園が人生の多くを過ごした家が現存しているので、見にいってみます。

大正三年（一九一四）、三十九歳の松園は、中京区に家を建てました。二十七歳の時、父の名を明かさぬままに男児（後の上村松篁）を出産したシングルマザーでもあった彼女は母を養う身でもあり、名実ともに一家の大黒柱だったのです。

オークラから西北方面へと歩き、御所の南側の地域へ。間之町通が御所にぶつかる少し手前に、大きな二階建ての町家である上村邸はありました。

松園の画室は、二階にあったようです。籠りきりで絵を描くことに没頭する日々だったようで、たとえ息子であっても、滅多なことではそこに入ることが許されなかったのだそう。

母の背中を見続けてきた子息も、さらには孫も日本画家となった上村家。日本の女性美を描き続けた松園は、七十三歳の時、女性として初めて文化勲章を受章。その翌年に、帰らぬ人となります。

そんな松園に日本画を習っていたのが、九条武子でした。西本願寺の娘として生

まれ、華族の九条家に嫁いだセレブ歌人という経歴もさることながら、彼女を有名にしたのは、その容貌です。松園をして、

「武子さんの、あの上品な気品の高い姿や顔形は、日本的な女らしさとでもいうような美の極致だと思います」（『青眉抄』）

と言わしめる武子は、大正時代を代表する美女として、婦人雑誌などにもしばしば登場していました。

ある時、松園は丸髷に結った武子に会い、「まことに水もしたたるような美しさ」（同書）と、感動します。思わずその姿を写しとり、それをもとにして描いたのが「月蝕の宵」という、二枚一組の屏風絵。

そこには四人の女性が描かれているのですが、右側に一人離れて立つ女性のモデルこそが武子に違いないと、素人の私にも想像がつきます。清潔な雰囲気の瓜実顔は武子に似ていますし、薄紫の絽の着物は、美人にしか似合わないもの。

右端の女性は、しかし左側に描かれた、月蝕を鏡に映してはしゃぐ三人の女性達から一人離れ、どこか寂しげなのでした。実際の武子がまとっていた空気を、松園は絵筆を通して描いたのではないかという気がしてきます。

またの日に私は、武子の実家である西本願寺を訪れました。京都観光に来た人は、

京都駅のほど近くの烏丸通沿いに東本願寺の威容を見て、まず「おお！」と思うものですが、そこから数ブロック西に位置するのが、西本願寺です。

親鸞から始まる浄土真宗の中で巨大な力を持った本願寺は、徳川家康が政権を握った頃、内紛を機に東西に分裂します。有名なお寺ながら私にとって初めての訪問かもしれないのは、そこが観光寺院というよりは、信仰している人のための寺院だからなのでしょう。

東本願寺を経由して正面通を歩むと、仏具店が並ぶ門前町に入ります。総門をくぐってから堀川通を渡れば、西本願寺の御影堂門に到着しました。

境内に入ると、国宝である御影堂や阿弥陀堂が堂々たる姿を見せ、とにもかくにも広大。見学しているだけでウォーキング気分なのであり、日本の仏教の宗派の中では最大級という浄土真宗の規模を、体感します。

東西の本願寺では代々、大谷家が親鸞から続く法灯を守ってきました。妻帯が許される浄土真宗では、トップの立場が世襲されているのであり、そういった部分からも、王国的なムードが感じられます。

となるとそこには天皇家と同様、世襲の難しさが発生しましょう。九条武子は明治二十年（一八八七）に、西本願寺の第二十一代目の法主である大谷光尊の次女として生まれていますが、彼女を産んだのは光尊の正妻（本願寺では「裏方」という）ではなく、側室的な立場の、藤子という女性でした。

藤子は、次の法主となる大谷光瑞達、他のきょうだいをも産んでいます。大正天皇を産んだのも、明治天皇の妻である昭憲皇太后ではなく側室の柳原愛子でしたが、確実に世襲を行うには、近代化が進んだ世であっても、側室の存在が必要とされていたのです。

大谷家は、公家の名門である九条家と、古くから縁の深い家でした。大谷光瑞の婚約者として十一歳から本願寺に住んでいたのは、九条道孝の三女である、籌子。ちなみに籌子の妹の節子は、大正天皇と結婚した、貞明皇后。そして幼い頃から生活を共にした籌子と仲が良かった武子は、籌子の弟である九条良致と結婚することになったのです。

結婚前の武子には、東本願寺の大谷家の青年との、恋の噂もあったようです。五百メートルほどしか離れていない、東西の大谷家のプリンスとプリンセスの恋は、ロマンティックな話ではあれど実ることはなく、結局武子は、大谷家にとっては平凡な縁でもある、九条家の青年と結婚しました。

銀行員である夫がケンブリッジ大学に留学するのに合わせて、ヨーロッパへの新婚旅行へ旅立った二人。途中で、兄の光瑞夫妻と合流します。

武子は夫とともにそのままロンドンに住むのかと思いきや、なぜかそうではなく、彼女は籌子と共に帰国の途につきました。シチリア、スイス、スコットランド等を巡り、最後はシベリア鉄道で帰ってきたというのですから、明治の末のお嬢様二人は、かなりの行動力を持っていました。

結婚した途端に別居生活となった、武子と夫。夫は三年の留学期間が終わっても、日本に戻りませんでした。武子との仲がしっくりいかなかったのか、イギリスが気に入ったのか。理由ははっきりしないものの、ようやく帰国したのは、結婚から十年後のことだったのです。

新婚早々に寡婦状態となった武子は、夫が不在の十年の間、義姉の籌子とともに、仏教の普及活動や、恵まれない人々の救済に奔走します。夫と別居し、子供が生まれるはずもない中で、若く美しい時期を過ごさなくてはならなかった武子。他者を助けることが、自身をも助けていたのではないかという気もします。

武子が上村松園に絵を習うようになったのは、夫がロンドンに行ったきりで、帰ってこない時期のことでした。松園が武子の美の中に一抹の寂しさを感じ取ったのは、そのせいではないか。……と、「月蝕の宵」を見ながら、私はつい思ってしまうのです。

そんな武子は、歯科治療の後、敗血症にて四十二歳で他界。まさに、佳人薄命の人生でした。

松園はその七十四年の生涯において、様々な時代の女性達の姿を描いています。そんな中で「遊女亀遊(きゆう)」は、幕末を生きた女性をモデルとした作品。横浜の遊女である亀遊は、外国人の客を取らされそうになった時、「露をだにいとふ大和(やまと)の女郎花(をみなへし)　降るあめりかに袖はぬらさじ」との歌を詠んで、自害したとされています。昭和には有吉佐和子『ふるあめりかに袖はぬらさじ』のモデルにもなった彼女は、命を賭して外国人を拒否しました。

松園がこの作品を発表したのは、明治三十七年（一九〇四）でした。同じ年に、お金持ちのアメリカ人男性と結婚しておおいに話題となった京都の女性がいて、それがモルガンお雪です。

祇園の芸妓だったお雪は、ある日、モルガンというアメリカ人の客の相手をします。モルガンは、お雪のことをいたく気に入った様子。独身のモルガンがお雪に求婚するも、恋人がいた彼女はこれを断りました。しかしモルガンは、いったんアメリカに帰ってからまた来日して求婚……と、熱心にお雪に愛を捧げたのです。

とうとうお雪が承諾して結婚したのが、明治三十七年のこと。身請けにかかったお金が四万円(今で言うなら約八億円)だったこと、そしてお雪が日本人の恋人と別れてアメリカ人を選んだことは大スキャンダルとなり、新聞や雑誌を連日、賑わせました。結婚する前から、お雪とモルガンのことが芝居になるなど、京都は大騒ぎになったのです。

私は、松園はそのことを苦々しく思っていたのではないか、という気がするのでした。お金で動いたかのように見えるお雪に対する一つのアンサーとして、松園は「遊女亀遊」を描いたのではないかという気がするのは、穿ちすぎでしょうか……。

結婚後のお雪は、アメリカに渡ります。アメリカは性に合わなかったもののパリが大好きになった彼女は、やがて夫と共にパリへ移住。お雪のエキゾチックな魅力は、社交界で評判になりました。

しかし夫のモルガンは、四十四歳で早世。お雪は三十四歳にして寡婦となったものの、莫大な遺産を得て、一人フランスに残ります。

お雪は外国人にとって本当に魅力的な女性だったようで、モルガンの死後はフランス陸軍士官の男性と恋におち、共に住んでいるのでした。その暮らしは十五年ほど続きましたが、彼もまた他界。一人でニースに住んだものの、日本が戦争に突き進んでいった昭和十三年（一九三八）、お雪は京都へと戻るのです。

結婚で京都を後にしてから、三十年。お雪は六十歳近くになっていましたが、この時も日本の新聞は、お雪の帰国を賑々しく書きたてたようです。

帰国後のお雪は、カトリックの信仰に生きました。彼女がよく通ったという河原町教会は、ホテルオークラ京都のすぐ近くにあるので、実は前日、オークラに行きがてら、私は教会に立ち寄っていました。

お雪が通った当時のゴシック建築の教会は今、愛知県の博物館明治村で保存されています。私が入ったのは、昭和四十二年（一九六七）に建てられた教会でした。旧教会には見事なステンドグラスがあったそうですが、今の教会もまた、祭壇の奥は一面のステンドグラス。しばしその光を眺め、都会の中の静寂に佇みつつ、この光の中で祈りを捧げたお雪の姿を想像しました。

しかしお雪は、カトリックを信仰すると同時に、ご先祖様のことも忘れなかったようです。自身の菩提寺にも寄進をするなど大切にしていたということなので、最後に菩提寺の同聚院（どうじゅいん）へと行ってみましょう。

五大堂同聚院は、東福寺の塔頭です。西本願寺にいた私は、京都駅からJR奈良線に乗って東福寺駅で下車する手もあったけれど、本願寺巡りで疲れていたので、ついタクシーに乗車。京都駅を越えていきますが、さほど遠いわけではありません。

紅葉の季節には多くの観光客でごったがえす、東福寺の通天橋（つうてんきょう）と共に名高い臥雲橋（がうんきょう）の近くに、同聚院はありました。門の周辺には、白い薔薇（ばら）が咲いています。寺院に薔薇とは珍しいとりあわせですが、こちらはお雪をイメージしてパリで開発されて贈られた、「ユキサン」という種類の薔薇。そして薔薇の近くには、芸妓さん達が奉納した「働く女性の守り本尊」という紅（あか）いのぼりがはためいています。

薔薇と、寺院。このアンバランスな取り合わせこそが、お雪の存在感を象徴しているのかもしれません。お雪の写真を見ると、モダンな洋服を着こなす華やかな美人です。特に帰国後の写真からは、松園の美人画に描かれる女性とは全く異なる、現代女性に通じる存在感が溢れるのですが、しかし彼女の中には、菩提寺を大切にする日本の心も、しっかりと残っていた……。

日本が海外に開かれたからこそ、お雪のような女性は登場することになりました。そのことを快く思わなかった人もいる一方で、彼女は持ち前の積極性を生かして、西洋と日本それぞれの良さを自分のものとしたのではないか。

昭和三十八年（一九六三）に、八十一歳で亡くなった、お雪。「あなたのように海外に出ていく女性はもう、当たり前になりましたよ」と、私は同聚院に分骨されたお雪さんのお墓に、語りかけたのでした。

23 女子教育の礎を築いた女人達

――九条武子、大谷籌子、新島八重

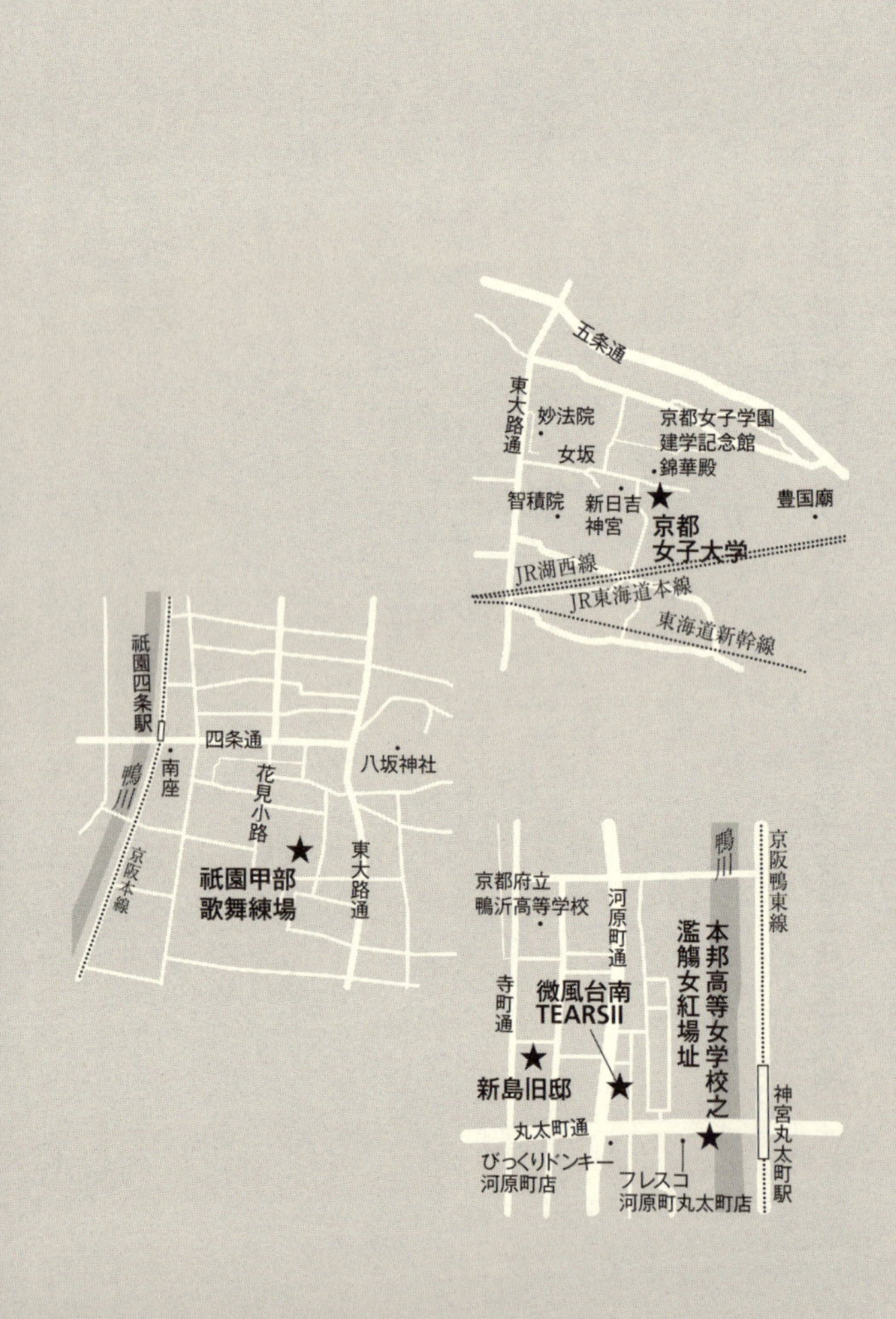
五条通
東大路通
妙法院
女坂
京都女子学園
建学記念館
錦華殿
智積院
新日吉
神宮
京都
女子大学
豊国廟
JR湖西線
JR東海道本線
東海道新幹線
祇園四条駅
四条通
八坂神社
鴨川
南座
花見小路
東大路通
祇園甲部
歌舞練場
京阪本線
京都府立
鴨沂高等学校
河原町通
鴨川
京阪鴨東線
本邦高等女学校之
濫觴女紅場址
微風台南
TEARSII
寺町通
新島旧邸
丸太町通
びっくりドンキー
河原町店
フレスコ
河原町丸太町店
神宮丸太町駅

浄土真宗・西本願寺の大谷家の令嬢として生まれ、九条家の男爵と結婚。大正三美人の一人と言われるほどの美貌の持ち主であり、歌人としても活躍。……という九条武子のプロフィールからは、何不自由ないセレブ夫人的な印象を受けるものの、そんな彼女の人生が光にのみ包まれていたわけではなかったことは、前章でご紹介した通りです。

武子の夫は、新婚旅行でヨーロッパに行ったまま、十年以上も日本に戻りませんでした。その間、武子は一人京都で過ごさなくてはならなかったわけで、歌を詠み、絵を描くことは彼女にとって必要な表現活動だったと思われます。

夫の不在中の武子は、実家の西本願寺を通じて、社会的な活動にも取り組みました。九条家出身の義姉・籌子を会長として仏教婦人会が発足すると、大谷家の「姫」である武子も、中心人物として活動するのです。

中でも武子達が力を注いだのは、女子教育の問題でした。前章でも記したように、武子夫妻の新婚旅行には籌子夫妻も同行していましたが、高い教育を受けて活躍するヨーロッパの女性達に接すると、「日本でも……」という気持ちが、武子達の中に湧き上がってきたのです。

明治の日本において、女子教育にいち早く取り組んでいたのは、キリスト教者達でした。明治三年（一八七〇）に横浜にできた、現在のフェリス女学院を嚆矢とし、明治の最初期のうちに、欧米の宣教師団による女学校が各地に誕生していきます。日本人にキリスト教と近代的な教育をもたらし、正しい生活に導くことこそ、宣教師の使命（ミッション）だったのです。

一方の仏教は、教育活動においては、キリスト教におくれをとっていました。日本で初めて仏教系の女学校ができたのは、明治十九年（一八八六）のこと。フェリスができてから十五年以上が経っています。

京都においても、同じような傾向を見ることができました。アメリカ留学中にキリスト教の洗礼を受けた新島襄が、明治八年（一八七五）に同志社英学校を創立。翌年には女子を対象にした私塾も開かれ、明治十年（一八七七）には、後の同志社女学校へとつながる女子教育機関が開校するのです。

そんな中で武子達は、仏教系の女子大学、そして高等女学校の新設を計画していました。まずは、既にあった浄土真宗系の女子教育機関に西本願寺が援助をし、明治四十三年（一九一〇）に、京都高等女学校を開設。この学校が、「京女」として知られる京都女子学園の前身です。

翌年、仏教婦人会の会長である籌子が急逝すると、武子は婦人会の中心的役割を担うようになります。明治四十五年（一九一二）には、「女子大学設立趣意書」を作成。

そこには、キリスト教に対するライバル意識のようなものが見られるのでした。

東京には、キリスト教主義の学校ではないものの、キリスト教信者の成瀬仁蔵が開いた日本女子大学校があり、京都にも同志社女学校が専門学部を設置すると発表された（注・この頃の女子大学は、男子と同等の大学ではなく、専門学校の扱い）というのに、自分達は異教徒に女子教育を任せ、ただ傍観しているだけでいいのか。……といった思いが、趣意書には表れています。日本の仏教の本拠地と言ってもいい京都に、西本願寺の姫として生まれ育った武子だからこそ、何かと動きの速いキリスト教系の女子教育機関、特に同志社のことは、意識せざるを得なかったことでしょう。

武子の努力が実り、大正時代には、京都女子高等専門学校が開設されます。そこから発展した京都女子大学が開校したのは、第二次世界大戦後のこと。現在「京女」は、幼稚園から大学院までを擁する、一大女子教育機関となっているのでした。

では早速、武子が成立に深くかかわった京女を、見に行ってみましょう。……といきたいところですが、新型コロナの影響で今回の旅も、妄想の中で決行です。

まず歩いてみたいのは、「女坂」。東山の広大な敷地に京都女子学園は位置していますが、東大路通の東山七条の交差点から学園へと続く道は、多くの女子学生達が日々通るが故に、「女坂」と呼ばれているのでした。

グーグル・ストリートビューで東山七条からスタートしてみると、ビュー上でもその道には「女坂」と記されているのでした。そしてビュー上でも東山へと向かう道は、緩やかな上り勾配であることがわかります。

京女出身の知人に話を聞いてみると、通学時間帯のこの坂道は、まさに京女の制服姿の女だらけなのだそう。

「おしゃべりしながらタラタラ歩いていくのは、楽しかったえ。遅刻しそうな時は走らんならんから大変やったけどな。毎日あの坂を上って、体力ついたと思うワ！」

とのこと。

妙法院と智積院の間を通る坂道の脇には、「豊国廟参道」と刻まれた大きな石柱が見えました。坂をどんどん上って、阿弥陀ヶ峰の山頂まで行けば、豊臣秀吉の墓所である豊国廟があるのです。

やがて北側の妙法院の塀が途切れると、京女の中学と高校が。新日吉神宮の鳥居が出てくると、南側に京都女子大学が広がります。

女子大学の敷地内に見てみたい建物があるのですが、さすがのストリートビューも、女子大の中に入ることはできません。「うーむ」と思って大学ＨＰを見ていると、このような時節ということで、「バーチャルオープンキャンパス」という映像を見ることができるようになっていました。

ありがたや……、と映像にてキャンパス見学をしてみると、広大な敷地に立派な施設が立ち並び、何だか私も入学したくなってきました。そんな中で最後に映されたのが、私が見たかった「錦華殿」です。

錦華殿は、近代的な建物群の中で異彩を放つ、フランス様式のクラシックな洋館です。こちらはもともと、浄土真宗本願寺派の第二十二世法主・大谷光瑞（武子の兄）と籌子が結婚した時、新居として西本願寺に建てられたもの。二階の円形バルコニーが印象的なこの白い優雅な邸宅において、籌子と武子は、女子大学設立に関する構想を練っていたのだそう。

大正時代に京女の校地に移築され、老朽化した後に再建された、錦華殿。武子や籌子達が抱いた女子教育に対する思いを、この瀟洒な建物は物語っているようです。

一方、九条武子に強い刺激を与えた同志社に目を転じると、こちらにもその草創期に活躍した、一人の印象的な女性がいるのでした。その女性の名は、新島八重。平成二十五年（二〇一三）に放送された大河ドラマ「八重の桜」でもお馴染みのこの女性は、京都ではなく会津の出身です。

弘化二年（一八四五）に、会津藩の砲術師範であった山本家に生まれた、八重。明治二十年（一八八七）生まれの九条武子よりも四十歳以上年上ながら長命だった八重は、早世した武子よりも長く生きています。

八重が九歳の時、ペリーが黒船で来航して以降、日本は激動の時代に入りました。八重が二十歳を過ぎる頃には、とうとう大政奉還が為され、やがて王政復古の大号令がかかるのです。

いよいよ新しい時代に入ったものの、会津藩を含む旧幕府軍と薩長軍の間で、鳥羽伏見の戦いが勃発。旧幕府軍として戦った八重の弟はこの戦いで命を落とし、兄は薩長軍に捕らえられてしまいます。

この戦いをきっかけとして戊辰戦争が起こり、やがて会津は戦場に。八重は弟の着物を身につけ、銃を持って会津城を守るのでした。かねて兄に銃の撃ち方を習っていた彼女は、いざ戦いが始まると自分の髪を断ち切って、敵に銃を撃ち続けたのです。

奮戦虚しく、会津は戦いに敗れました。父は戦死し、母の佐久、八重、そして兄の妻と娘と、山本家には女性だけが遺されました。

やがて聞こえてきたのが、兄の覚馬が京都にいるとの報。覚馬はその才覚を認められ、京都府の顧問に就任していたのであり、そんな兄を頼って、八重達は明治四年

（一八七一）、京都へと向かいました。

実は八重は、二十歳の頃に結婚していたのですが、京都に行くまでには離婚。また覚馬の妻は京都には来ず、覚馬もまた離婚。山本家は京都にて、全く新しい生活を始めることになります。

新天地である京都に来た八重が得た仕事が、明治五年にできた「新英学校及女紅場」の教員です。英学校とは、明治期に各地に誕生した、英語を中心に学ぶ中学校のこと。

では女紅場とは何なのかというと、裁縫や機織りなど、当時の女性にとって必須の手仕事を教える場のことでした。八重が教えた女紅場では、裁縫等を中心に学ぶ女紅科と、英語を中心に学ぶ英学科に分かれていたようです。こちらが日本で初めての女紅場であり、官公立の女学校の最初。女紅場はこの後、日本の各地にできることになります。

ここで京都好きの方は、「今でも京都には女紅場があるのでは？」と思われるかと思います。都をどりが開催される祇園甲部歌舞練場一帯の敷地には、「八坂女紅場学園」という看板がかかる門があるのです。

少し複雑な話なのですが、明治のはじめには、遊女向けの女紅場というものが存在していました。一般女性向けの女紅場とは異なり、遊女達が将来、いわゆる正業で身を立てるべく知識や技術を身につけるための施設が、遊女向けの女紅場だったのです。

今、芸妓さんや舞妓さんが舞などを学んでいるのは「祇園女子技芸学校」であり、それを経営しているのが八坂女紅場学園ということで、「女紅場」は現在の祇園において、その名のみを残しているのでした。

いずれにしても明治時代の「女紅場」とは、女性に何かを教えるための場を示す言葉でした。先述した同志社の女子教育機関も、最初は「同志社分校女紅場」という名だったのであり、今でいう「女子学園」「女子校」的なニュアンスを持つ言葉だった模様。

ではここで日本で最初の女紅場、すなわち新英学校及女紅場の跡地を、見に行ってみましょう。またストリートビューにて、丸太町通が鴨川を渡る、丸太町橋の西詰へひとっ飛び。

そこには、クラシックな煉瓦（れんが）造りの大きな建物が建っています。こちらは大正時代に建てられた旧京都中央電話局上分局であり、今はスーパーマーケットの「フレスコ」が入っているのでした。

鴨川沿いの角には石碑があり、「本邦高等女学校之濫觴　女紅場址」と刻まれています。濫觴（らんしょう）とは「物のはじまり」の意であり、この地がまさに、日本初の女紅場だったところ。ここにはかつて九条家の下屋敷（しもやしき）があり、屋敷をそのまま校舎として使用したのです。

日本最初の女紅場は、その後、京都女学校、府立京都第一高等女学校等と、名前を変えていきます。戦後には府立鴨沂高校となって、共学化されました。

鴨沂高校はそう遠くない場所にあるので、このまま行ってみましょう。ビューで西に進むとすぐに、河原町丸太町の交差点に。前にも来た、というか見た、「びっくりドンキー」がある交差点です。河原町通を右折して北にしばし進み、途中右側にある台湾料理店「微風台南」で、おやつに豆花など賞味したつもりになってから荒神口通を左折すると、そこが鴨沂高校なのでした。

お寺のような和風の塀で囲まれ、校舎もどことなく和の雰囲気を湛えている、鴨沂高校。寺町通を挟んでお隣同士の御所ともぴったりマッチした佇まいです。

校地の外周を一まわりしてみると、学校とは思えない、木造瓦葺きの立派な門が、寺町通沿いにありました。こちらは元々、最初の校舎だった九条家の屋敷にあった門。明治三十三年（一九〇〇）、学校がこの地に移転した時に、門も移築したとのことで、鬼瓦には九条家の家紋があしらわれているのだそう。

ということはこの門は建学時からずっと、この学校を見守り続けているわけで、女紅場で教えていた八重も、この門を通っていたのかもしれない。……と、私もしばし、画面越しに門を見つめます。

八重の女紅場勤めは、しかし長くは続きませんでした。新島襄と知り合って結婚が決まると、「クリスチャンと結婚するような人は……」と、解雇されてしまいます。明治の初めには、まだキリスト教に対する偏見が残っていたのです。

しかし会津では銃を持って戦った八重は、信じた道をつき進みます。明治九年（一八七六）には京都で初めてとされる洗礼を受け、さらには京都で初めてキリスト教式で結婚式を挙げた日本人となったのです。

同年には、同志社女学校へとつながっていく女子のための私塾を八重達がスタートさせるわけですが、この時、八重は三十歳。会津に住んでいた頃は夢にも思わなかったであろう、キリスト者として京都で女子教育に携わる人生が、スタートします。

新島襄は八重と婚約をした時、アメリカの知人に、手紙を送っています。そこには八重について、「彼女は容姿端麗ではありませんが、行いが『ハンサム』な人なのです」といったことを書いていました。襄は八重の外見ではなく、大きな人間性を見ていたのです。

それでは最後に、襄と八重が過ごした新島旧邸を訪ねてみましょう。京都市の有形文化財に指定されているこの邸宅は、御所の東隣、はからずも鴨沂高校の並びに位置しています。

鴨沂高校から、御所に沿って寺町通を南に下っていくと、二百メートルほどで、「新島襄先生舊邸（きゅうてい）」との石柱が。落ち着いた和風の塀に囲まれています。

塀の中の様子はわかりませんので、HPに飛んで、デジタルパンフレットを見てみました。すると塀の和風の雰囲気とは異なり、家の建物はコロニアル様式の二階建て。白い壁で、二階にぐるりとバルコニーがある様は、京女で見た錦華殿を思い出させます。明治の時代、先進的な人々は洋風スタイルの家を好んだようです。

家の中には和室もある一方で、セントラル・ヒーティングスタイルの暖炉があったり、腰かけるタイプのトイレがあったりと、和洋の良いところが取り入れられていました。和魂洋才が目指された明治時代の空気を、この家は表しています。

ここで夫妻は、「八重さん」「襄」と呼び合って過ごしたのだそうです。妻をさんづけで呼ぶことも、夫を呼びすてにすることも非常に珍しかった当時、男女が上下関係ではなく並んで立つことを目指した新島夫妻の新しさと、この家のあり方の新しさとが、呼応するようなのでした。

明治になって首都が東京に移り、荒れてしまった京都。平安京ができて以来、千年ぶりに天皇が別の地に移ってしまわれたということは、京都の人々にとって、背骨を失うような出来事だったのではないかと思われます。

そんな京都の人々が新たな背骨として求めたのが、教育でした。町衆は番組小学校を作り、中等教育機関としては、官公立、キリスト教系、仏教系の学校がいち早く並び立つ。今も数多くの大学が存在する京都は、明治の頃から学問の街だったのです。

新しい国、新しい街を作るには、「学ぶ」ことが大切だと、京都の人々は知っていました。それは女性にしても同じであり、自分達の手で女子大学を作ろうと奮闘した女性達がいたことは、京都の誇りとなりましょう。

考えてみれば京都においては、女性が学ぶことを制限されたことはありませんでした。平安時代の女性達であっても、男性に顔を見せてはいけないとか、女性は男性の来訪をただ待つだけといった行動制限はあっても、学ぶことは、禁じられていなかった。知性や教養が、女性の魅力となったのです。

学ぶことを大切にする気風は、その後も京都に残り続けました。古いものを大切にしながらも新しいものを積極的に受け入れるこの街のあちらこちらには、常に学ぶチャンスが待ち受けているのであり、チャンスを求めてやってくる人々を、この街はずっと受け入れ続けているのです。

旅を終えて

京都に生きた女性達の足跡を、時系列で追ってみたいと私が思ったのは、ある仕事がきっかけでした。

歴史に名を残した女性達ゆかりの場所を、日本のあちこちで訪ねるという連載が始まる時のこと。どのような女性が各地にいたのかを調べていたのですが、地方によっては、候補となる女性を探すのに苦戦することもありました。

歴史に名を残している女性が、地方によっては非常に少なかったのであり、東北のとある県では、地元の方にうかがっても、考えた末に、

「うーん、歴史上で活躍した女性って……、思い浮かびませんねぇ」

といった答えが返ってくることもあったのです。

そんな中で唯一、候補が多すぎて選ぶのに困った地が、京都です。平安京ができてから近代まで、様々な女性にまつわる逸話がこの地には残っているのであり、また京都という街自体が、女性的色合いを強く持ってもいる。長いあいだ日本の中心であり

続けた京都は、決して男性のみによってつくられた都ではない、との印象が強く残ったのです。

かくして私は、京都の女性史に興味を抱くようになりました。それぞれの時代、女性がどこでどのように生きたかを知ることによって、京都という都市において女性が果たした役割が見えてくるのではないか。そう思って書き始めたのが本書です。

全二十三回の女人巡りを振り返れば、実際に京都に足を運んだ時もある一方、新型コロナウイルスの影響で、脳内やデジタル世界で旅をしたこともありました。コロナ時代となってからは、京都においては古来、疫病との戦いが大きな問題であったことを実感させられたものです。

全ての旅を終えて感じるのは、やはり平安時代を生きた女性達の存在の大きさです。平安時代の貴族社会においては、女性の行動が制限される部分も、多々ありました。しかし同時に、女性も働き、個人としての能力を発揮することができたのが、この時代でもあった。

彼女達は、恋愛面においても自由に生きていました。宮仕えをし、様々な男性と交際する中でうごめく複雑な内面を、物語や随筆、和歌などに表現し、それが正当に評価されてもいたのです。他の時代と比べて際立った個性を感じさせる女性が多いのは、不自由度と自由度の振れ幅が極端に大きかった時代に、彼女達自身が書き残した作品が多く残っているからでもあるのでしょう。

平安時代とは、今の世で言う「女性性」を、「人間性」として捉えていた世だったのではないかと、私は思います。武力よりも文化力を尊び、男も女も花が咲いただの散っただのということに一喜一憂し、愛だの恋だのに涙を流し……という平安人達の性質は、今でこそ「女っぽい」と見られるけれど、当時は「人間的」とされたのではないか。

武士の時代となってアズマの地が政治的中心になると、男＝人間で、女＝付属的かつ特殊な存在、という認識となり、その感覚は今に至るまで続いています。平安時代に「人間的」とされた気質が、「女々しい」と見なされる時代が、始まったのです。

しかし京都における女人の歴史を見ていくと、平安時代に京の地に染み付いた人間性を、後の世の女性達も受け継いでいることがわかります。どのような時代でも、溢れ出る自身の能力を発揮し、自身の思いを貫く女性達が、ひょっこりと顔を出してくるのです。

歴史上の女性達についての記録が現在まで残っているという事実は、今を生きる我々にとって幸いなことです。いにしえの女性達がいかに愛し、憎み、書き、耐え、泣いてきたか。それらを知ることによって私達は、歴史の中に友人や同志、はたまたロールモデルや反面教師を見つけることができましょう。彼女達の存在は私達にとって、今を生きる上での力となるのです。

そんなわけで次回の京都旅行においてはあなたも、名所旧跡を眺めながら、歴史の中に降り積んだ女性達の声を聞き、その息吹を感じてみてはいかがでしょうか。その旅はきっと皆さんが生きていく上で、新たな視点をもたらしてくれるのではないかと、私は思っています。

最後になりましたが、本書の刊行にあたっては、共に女人探訪の旅をしてくださった高橋亜弥子さん、小学館の齋藤彰さん、安武和美さんに大変お世話になりました。本書を手に取ってくださった皆様へと共に、御礼申し上げます。

初秋

酒井順子

文庫版特別対談

磯田道史（歴史学者）×酒井順子

京都の女人たちは、今も昔も

酒井　磯田さんは現在、京都にお住まいですが、現代の京都の女性には、どのような印象をお持ちですか？

磯田　意外と周りに京都の女性が少ないんです。京都に住んでいるけれども、出身地を聞くと、滋賀・大阪・兵庫などだったり。院生時代に京都に来たばかりのころは生粋の京都女子を見ました。日常会話で民俗調査ができました。干支（えと）の俗信を信じ、厄年のお祓（はら）いにいく。例えば「初午（はつうま）の日には山に行かない。火事が出る」といった類です。最近は少なくなりましたが、俗信を信じる女性が多かった気がします。昔、京都のアルバイト先の女性が、雨で靴が濡（ぬ）れてキュッキュッキュッキュッと音がするのを「猫の霊がついているみたいで嫌だ」と青ざめ、地元の同僚一同がそれに共感し、仕事を中断。靴を履き替えに遠い家に帰ってしまい、驚かされたこともありました。

酒井　関西の中で、女性のヒエラルキーのようなものはあるのでしょうか？　京女は偉い、みたいな。

磯田　あまり感じないですね。滋賀をからかっても、京都府は一人当たり所得が滋賀県より一割も低く貧しい。もちろん大阪府よりも低所得です。東京の人たちは京都に憧れをもつ人もいますが、経済データは正直で、キラキラ京都はうわべだけの幻ですから。京都が雅（みやび）で素敵な場所というイメージに衣替えできたのは、結構、最近です。

うちの（国際日本文化研究センター）所長の井上章一は〝京都のデオドラント化〟と言うのですけど、昔は遊郭の脂粉の匂いもする、ちょっと怪しい町でもありました。明治以後、京都の天皇と公家（くげ）はほぼ東京に移り、士族も神主以外はホワイトカラーになって雅の源泉は東京へ移転。その後の京都は繊維業とお寺と夜遊びの町場です。歓楽街が目立って、良いイメージは、今ほどなかったと思われます。

酒井　デオドラント化が進んだのは、いつ頃から？

磯田　一九六四年の新幹線の東京・京都間開通が大きいでしょう。翌年、永六輔の歌詞で「女ひとり」が登場。女性の旅行キャンペーンも始まり、七〇年大阪万博あたりで、京都は雅で上品なイメージになっていきました。江戸時代までは、京にやってきた田舎のお侍や豪商・豪農を狙った客商売で稼ぐのが、京都のなりわいです。お公家さんたちもお金がなくて、貴族も貧しくてしかたない。公家が、わざと大名の行列に行き合ってお金を要求する話もあって、大名側からは警戒されていました。

酒井　公家が当たり屋を⁉

磯田　はい。たとえば岡山藩の池田家文書をみると、京都留守居役が、今日はお公家さんたちが法要で泉涌寺（せんにゅうじ）辺りに出るから、なるべくぶつからないように、と気をつかっています。貧困で、災害後に屋敷の修繕ができず、天井に穴が空いている公家もいますから、とにかくお金をもらおうとしていました。

酒井　意外と危険な都会だったのですね。

磯田　ややこしいことがあるからなるべく行かないほうがいい町、という雰囲気は、江戸時代にもあったと思います。そして、とにかくお金を撒かないといけない町だった。地方の大きな大名でも京都屋敷には、京都に詳しい人が必要です。お公家さんのお嬢さんをお嫁に取ろうかという話になったときに、性格や容姿を聞き出さなければならない。でも、十年くらい常駐したところで、なかなか京都で知り合いをつくるのは難しい。だから、着物を仕入れている呉服商や医師に頼んで情報を得ます。呉服商に、公家の深いところに入っている医者と仲良くしてもらったりして。

酒井　着物をたくさん買わなくてはならないですね。大名家と公家の娘との結婚は、どっちが欲したのでしょうか。

磯田　江戸中後期以降は圧倒的に公家です。火事などの災害があると、公家屋敷は改修だけでも数百両とかかかる。公家は領地が小さい。自己資金では家を建て直せない。財力のある国持ちの大きな大名と縁組しておく必要がありました。

酒井　娘はその道具になっていたのですね。地方の大名と公家の結婚って、大名にとっても、ちょっと名誉な感じがある気がしますけれども。

磯田　戦国が終わって数代は成り上がり者の大名が公家との結婚をありがたがった。戦国大名は新興ベンチャーです。「金持ってるぞ！」と。スポーツカーみたいに名馬に乗る。乱暴で性欲満点。自己アピールが大好き。だから、お飾りのトロフィー・ワイフでお公家さんのお嬢さんを欲しがりました。

酒井　でもお金がかかるだけだし、次第に「もういい……」と。

磯田　そのうち、どの大名も貴族化して、みなが公家の親戚になり、公家との血縁にプレミア感がなくなり、お金がかかるだけになる。ただ、家臣たちには自分を貴族に見せる効果があったでしょう。殿様の生母が公家の娘で正室であるのと、家来の娘で側室なのでは貴種性に差がちょっとあります。ただ、生母が誰でも家臣は大名の命令に従うので、大名側に公家と結婚するメリットはたいしてない。そうなると公家は「うちの『源氏物語』の写本見せます」とか、文化芸術で大名を釣ります。学芸の好きな殿様だと大喜びですが、そういう大名ばかりではない。

酒井　武家はなかなか文化では釣られない（笑）。平安の世からずっと、天皇家や公家の娘達の行く末は興味深いですね。厄介者のようでいながら、結構重要な役割を果たしていたのだと思います。

磯田　京都では、女性の存在が家の存続に大きくかかわっていました。特に公家の場合、一門の興廃が姫様にかかっている。ルッキズムの問題も当時からありました。昔の人は、天然痘（疱瘡）にかかります。字が上手で性格もいい、そういう公家の姫が妙齢で疱瘡にかかって、顔などに痘痕がのこることがあります。前近代には疱瘡など病気全般への忌避が強くありました。天皇の中宮に立てるとか、将軍・摂関家と縁組するなどはさけられ、本願寺の地方寺院、たとえば播磨とか越前に親鸞の子孫の名門寺院が散らばっていますから、そういうところへ嫁いでいった例も散見されます。

酒井　疱瘡のお姫様が地方のお寺に。

磯田　疱瘡にかかることで、地方のお寺に嫁ぐという珍しいライフコースが摂関家のお姫様に生じるわけです。普通は京の中か大名家に嫁ぐのですから。でも、地方のお坊さんの奥さんのほうが健康にはいいと思いますよ。大名家に嫁いでも、多くは早死に決定です。江戸屋敷に軟禁状態で、食べ物も偏ったものばかり食わされ、側室と一つ屋根の下です。本願寺系の越前のようなところだと、自然の中ですから。

酒井　油揚げとか大豆系のたんぱく質も食べられる。

磯田　「今日は鮎の塩焼きにしましょう」とかね。本願寺系だと宗派的にも肉食も大丈夫でしたし。

酒井　公家の世から武家の世になると、女性の活躍する姿がだんだん見えづらくなっていきますよね。

磯田　まず、明治以降も同じですが、女性の軍事指揮ってないですよね。馬に乗って戦を指揮するジャンヌ・ダルクのような人って滅多にいない。

酒井　巴御前などは、物語の中の人だったのでしょうし。

磯田　北条政子も自分で戦場に立つわけではないですしね。

酒井　平安時代は、妻側に夫を迎え入れる招婿婚が主流でしたが、武家の世になると、夫側の家に妻が入るようになりますよね。

磯田　おおざっぱな話でいえば、戦が激しくなると、男子は男の元で教育して軍団に入れなきゃいけないから、父親のところに行くようになり、父系制の夫方居住になりやすい。日本は母系と父系、どちらもアリの双系制ともいわれます。それと、これは僕の説なのですが、平安時代と南北朝以降が決定的に違うのは農業のやり方です。招婿婚をしていた平安時代は「片荒し」という、不耕作地も荒地もある粗放的な農業で、女が市で商売の交換行為をして生活を支える。だけど、その後、田んぼに大量の肥料を買って入れたり、草刈りをしたり、労働を大量に投入するようになるんですよ。そうすると、男の腕力でもって深く耕して、大量の肥料を入れて、豊かにした田んぼができる。一度やめると米が穫れない田んぼに戻るから、男子に受け継いでもらおうと考える。男が妻を呼び寄せ、家族で米を作る。死んだら、男系の家族墓地を田畑が見下ろせる丘に作る。そういう男の労働が主体にならなければ、農業が成り立たない段階に向かっていったのが、おそらく南北朝期から江戸前期の動乱の時代じゃないかと僕は思っていて。

酒井　農業の発達が、武家の進出と重なっていく。

磯田　はい。手をかけている土地に侵入してくる敵は男が武力で排除する。それで激しい戦いになっていくわけです。令和の今日、農業に従事しなくなって筋力労働をせず、平和な時代で徴兵もなくなったから、平安以降で今が一番、社会情勢としては男性が特権を主張する根拠がなくなっています。

酒井　なるほど！　激しく納得します。今、周囲を見ても妻の実家に同居したり妻の実家の近くに住む家族が多いのは、肉体労働をする男性が減っているせいなのかも。時代の変わり目である南北朝時代以降、女性が文章をあまり書かなくなったという現象も、気になります。特に武士の時代になると、女性が書いた有名な作品は少ない。武家社会では、日記文学などの女性の文化は姿を消したような気がしています。

磯田　大奥や大名家の奥で、奥向き文学というものが花開かないんですよね。禁止されていたわけではないのですが、過剰に秘密にする世界で、「文字にして残すな」という圧力が加わっていたのは確かです。たとえば、藩のお医者さんを任命するときの誓約書に、診察で上がっても、奥向きの女性たちの容姿について外でとやかく言わないみたいなことを約束させられるわけですよ。「あそこの奥さんきれいやったわー」とか、医者は口外できなかった。

酒井　書き残してはいけない雰囲気があったのですね。和歌だったらよかった？

磯田　和歌はいいです。詩形の短いものでちょこちょこ、と。だから大名の奥さんが残した和歌は短冊なんかに書いてたくさん残っている。毎日の日記を残しているのは、延岡藩内藤家の奥さん充真院とか、ごくごく僅かです。参勤交代の様子を殿様が日記に書いて奥向きの女性たちに読んで聞かせるなど、書くのは男。そもそも女性たちは、移動も少ないですしね。閉じ込められた状態ですよね。

酒井　自己表現があまりできないとなると、武家の妻の楽しみというのはどんなことだったのでしょうか？

磯田　一番は年中行事での宴会の御馳走でしょう。親類内でよく集まります。締め付けがゆるい藩では三味線や舞も。まじめなものでは和歌・書画です。自分の自己実現が限られると、子の活躍が楽しみになるでしょう。子が生まれず、実家に帰される場合もありました。また養子を迎えて血の繋がらない子と暮らすこともある。イケてる養子と気が合い親孝行されると楽しい（笑）。江戸時代の武家社会は養母・義母でも、両親への従順さは今の比ではないので。大抵、養子も、よく言うことを聞きますから。

酒井　そもそも私がなぜこの本を書いたかというと、京都はほかの街に比べて、女人の足跡が残っているケースが圧倒的に多いからなんです。女性の生き方や感情が書き残されていますし、遺構が残っていなくても、たとえば紫式部や清少納言がここにいたのか、と歴史の中の女性たちと同じ場所に立つことによって、その息吹を感じることができる。石碑が立ててあることも多いので、歩いていて楽しいです。

磯田　この本のよさは、まさにそこですよ。敬服します。上村松園の家が四条通のあの付近だったとか、京都府画学校があったのは、まさにホテルオークラのところだとか、懇切丁寧に調べられていて。私も気にはなっていましたが、大体ここら辺と、正確な位置までは確定させてみていなかった。それがことごとく書いてあって、京都の歴史を知るのに、すごく助かります。

酒井　歴史的な場所が、今は意外な場所になっていることもありました。『源氏物語』の夕顔がゆかりという夕顔町には、個人のお宅の敷地に「夕顔之墳」という石碑が立っています。

磯田　本当はお墓があったらおかしいですよね。物語の登場人物だから。夕顔の墓があるから夕顔町という地名になったんです。

酒井　地名にまでなるとは、夕顔というキャラクターの強さを感じます。

磯田　『源氏物語』が生まれた平安時代の一条朝の時代のイメージを、近世になっても明治以降も、商品にして付加価値をつけて京都の町は生きてきたんだと思います。もう独創性を疑うぐらい、いつの時代も、一条朝の世界観が文化のタネとしてずっと再生産されていく。

酒井　今も「京都らしさ」というイメージの源は、あの時代と結びついています。そういえば、『源氏物語』の紫式部も『枕草子』の清少納言も、みんな受領層の娘ですよね。なぜ受領の娘ばかりなのかは、気になるところです。

磯田　県知事クラスの娘ですよね。それはやっぱり人数が多いから。受領層は公卿の二十五倍います。受領になれる家系は五百くらいありました。公卿の家系は二十くらいしかないから、家庭教師をつけても、あれほど面白い話を書ける人はなかなか出てこない。公卿の姫は行動の自由度が低く経験も少ない。公卿は血統が命ですが、受領層は学力と人脈が命で出世を狙う。親が大学寮などで漢文を修業し、子女も文章のスパルタ教育を受けている人がいる。また受領より下のクラスだと紙の入手が難しい。才能があるから書けるというのは現代人の考えで、紙があるから書ける世の中でもあった。受領層以上が文章を書ける紙を持っていました。

酒井 親に教養があって、ある程度の財力があるのが受領層の娘たちだったのですね。さらには、A級のお嬢様にはない自由も彼女達は持っていたから、「書く」ことができたのかも。平安文学を読んでいると、今では考えられない階級意識に驚くのですが、京都にはいまも一種の階級意識的なものが残っている気もします。

磯田 あるかもしれないですね。でも、実際の京都には本物のハイクラスは少ない。ドングリの背比べで、町の顔役も中小企業の商家さんたちです。超大金持ちは本当は神戸にいて、京都に大金持ちは数えるほど。東京はそのクラスの金持ちも旧華族も幾らもいます。天皇も東京です。京都は空襲で丸焼けにならず、古い町並みが残っているからでしょうか、東京の人がまずまず京都の町に憧れを抱いてくれるのが、不思議です。伝統文化が残っているからでしょうか。

酒井 お金では買えない歴史の深さに、アズマの者はずっと憧れ続けているのでしょうね（笑）。

（二〇二五年二月　京都にて）

――本書のプロフィール――

本書は、二〇二二年に刊行された同名の単行本に加筆修正を施し、対談を加えて文庫化した作品です。

小学館文庫

女人京都

著者　酒井順子

二〇二五年五月七日　初版第一刷発行

発行人　庄野　樹

発行所　株式会社　小学館
〒一〇一-八〇〇一
東京都千代田区一ツ橋二-三-一
電話　編集〇三-三二三〇-五一三八
　　　販売〇三-五二八一-三五五五

印刷所 ― TOPPANクロレ株式会社

この文庫の詳しい内容はインターネットでご覧になれます。
小学館公式ホームページ　https://www.shogakukan.co.jp

ISBN978-4-09-407458-1